COMMENT MANGER VEGAN ET GARDER SES AMIS

Recettes d'Anna Barnett

Textes additionnels de Quadrille

PHOTOGRAPHIES DE KIM LIGHTBODY

ULMER

Le véganisme, votre choix de vie

On compte des millions de vegans à travers le monde, pourtant aucun ne se ressemble. Ils se distinguent non seulement par leurs habitudes alimentaires, mais également par leur approche du véganisme — qui peut découler d'un choix éthique, environnemental et/ou politique, ou d'une simple préférence pour les aliments d'origine végétale.
Le mot « vegan » vient de l'anglais. Il a été inventé au Royaume-Uni en 1944 par la Vegan Society. Il résulte de la syncope (astucieuse) du mot « vegetarian ». Au fil des ans, la Vegan Society a affiné la définition de ce terme pour désigner un choix de vie. Aujourd'hui, elle définit le véganisme comme suit : « Philosophie et mode de vie visant à exclure — autant que faire se peut — toute forme d'exploitation et de cruauté envers les animaux, que ce soit pour se nourrir, s'habiller, ou pour tout autre but, et par extension, à promouvoir l'élaboration et l'usage de solutions n'exploitant pas les animaux, pour le bénéfice des humains, des animaux et de l'environnement.

Sur le plan alimentaire, il désigne la pratique consistant à se passer de tous les produits dérivés en tout ou partie des animaux. »
Comme toute philosophie, le véganisme est sujet à interprétation. Ainsi, la première règle à suivre pour être vegan et garder ses amis est la suivante : il n'y a pas de règle. Soyez honnête envers vous-même. Pratiquez le véganisme que vous avez choisi.
Considérez ce livre comme un outil dont l'objectif est de vous aider à cuisiner de délicieux plats, qui n'impliquent aucun « sacrifice ».
Certaines recettes sont simples, d'autres vous incitent à rechercher des ingrédients et des plats insolites qui s'éloignent de la norme vegan. C'est également une source d'inspiration pour vivre vegan et heureux en toutes circonstances, que vous dîniez au restaurant entouré de carnivores, ou que vous invitiez des amis à dîner. Vous allez découvrir un éventail d'aliments entièrement nouveaux. Quant à vos amis... eh bien, ils n'auront plus jamais rien à redire !

Barres aux amandes et à la mangue

POUR 16 BARRES

2 c. à s. d'huile de coco
50 g de vergeoise brune, de sucre muscovado ou de cassonade brune
4 c. à s. de sirop d'érable, de datte ou de riz
200 g de mangue au sirop en conserve (poids net égoutté), écrasée, ou 1 mangue mûre fraîche, pelée, dénoyautée et écrasée
100 g d'amandes effilées
200 g de flocons d'avoine
100 g de graines de pavot noir et blanc
50 g de graines de sésame
50 g de graines de lin
Jus d'un demi-citron
75 g de mangue séchée, coupée en petits morceaux
50 g de copeaux de noix de coco ou de noix de coco séchée râpée
Pincée de sel

Préchauffez votre four à 160 °C. Graissez un moule de 22 x 32 cm et tapissez-le de papier sulfurisé.

Mettez l'huile de coco, le sucre, le sirop et la mangue écrasée dans une grande casserole à feu doux, et mélangez jusqu'à ce que le sucre et l'huile soient bien fondus. Ajoutez le reste des ingrédients et remuez jusqu'à ce que le mélange soit homogène.

Versez ce mélange dans le moule et étalez-le uniformément avec le dos d'une cuillère ou une spatule. Faites-le cuire 30 à 35 minutes, ou jusqu'à ce qu'il soit doré.

Laissez-le refroidir 5 minutes dans le moule. Pendant qu'il est encore chaud, dessinez 16 barres rectangulaires à la surface avec la pointe d'un couteau. Ensuite, démoulez-le sur une grille de refroidissement. Lorsqu'il est complètement froid, cassez-le en barres.

Les barres se conservent jusqu'à une semaine dans un récipient hermétiquement fermé.

/ Ces barres sont délicieuses pour un petit-déjeuner à emporter ou pour les petites faims de l'après-midi. Vous pouvez varier les ingrédients — essayez par exemple les graines de cameline, de tournesol ou de courge. Elles donnent un petit côté croquant !

Barres au cacao, à la banane et aux noix du Brésil

POUR 16 BARRES

50 g d'huile de coco
50 g de sucre muscovado brun ou de sucre de coco
3 c. à s. de sirop d'érable, de riz ou d'agave
120 g de beurre d'oléagineux (amande, noisette ou cacahuète)
50 g de grué de cacao
1 c. à c. de pâte de vanille
2 bananes mûres, écrasées
50 g de graines de tournesol ou de courge
150 g de flocons d'avoine
100 g de noix du Brésil, grossièrement hachées
Zeste finement râpé et jus d'une orange
50 g de poudre de cacao brut
Pincée de sel

Préchauffez votre four à 160 °C. Graissez un moule de 22 x 32 cm et tapissez-le de papier sulfurisé.

Mettez l'huile de coco, le sucre, le sirop, le beurre d'oléagineux, le grué de cacao et la pâte de vanille dans une grande casserole à feu doux-moyen. Remuez jusqu'à dissolution du sucre, puis retirez la casserole du feu, ajoutez le reste des ingrédients et mélangez bien.

Répartissez le mélange dans le moule et égalisez la surface à l'aide d'une spatule. Faites cuire 20 à 25 minutes, jusqu'à ce que le mélange soit bien doré.

Laissez-le refroidir 5 minutes dans le moule. Pendant qu'il est encore chaud, dessinez 16 barres rectangulaires à la surface avec la pointe d'un couteau. Ensuite, démoulez-le sur une grille de refroidissement. Lorsqu'il est complètement froid, cassez-le en barres.

Les barres se conservent jusqu'à une semaine dans un récipient hermétiquement fermé.

Bircher à la fraise

POUR 4 PERSONNES

MUESLI

200 g de flocons d'avoine ordinaires, gros ou précuits
600 ml de lait d'oléagineux, d'avoine ou de soja
Jus d'un citron
4 pruneaux, dénoyautés et finement hachés
50 g de cerises ou myrtilles séchées
2,5 c. à s. de graines de lin moulues
50 g de graines de tournesol
2 c. à s. de cassonade ou de sucre muscovado brun

FRAISES

200 g de fraises
50 g de sucre de coco ou de vergeoise blonde
Pincée de sel de mer
Pincée de poivre noir du moulin

Mélangez tous les ingrédients du muesli dans un bol. Si vous utilisez des flocons d'avoine ordinaires ou gros, couvrez et mettez au réfrigérateur tout une nuit. Si vous utilisez des flocons d'avoine précuits, couvrez et mettez au réfrigérateur 10 minutes.

Au moment de servir, coupez les fraises dans un bol, saupoudrez-les de sucre, de sel et de poivre, remuez et réservez 15 minutes.

Sortez le muesli du réfrigérateur, mettez-le dans des bols et ajoutez une cuillerée de fraises au moment de servir.

/ Si vous utilisez des flocons d'avoine ordinaires ou gros, vous devez les faire tremper toute une nuit. Mais si vous voulez préparer cette recette le jour même, utilisez des flocons d'avoine précuits.

Procurez-vous quelques noix de coco et préparez votre propre lait de coco, riche et crémeux. Vous délaisserez à jamais le lait en brique.

Lait de coco frais

POUR ENVIRON 400 ml DE LAIT DE COCO

2 noix de coco (brunes) mûres

Préchauffez votre four à 200 °C.

Prélevez l'eau de chaque noix de coco en perçant les deux yeux tendres de la coquille. Réservez-la soit pour la boire, soit pour l'ajouter plus tard à la première pression.

Enfournez les noix de coco 20 à 30 minutes. La coquille va se fendre, ce qui permettra de les ouvrir plus facilement.

Laissez-les refroidir un peu, puis, en tenant une noix de coco dans un linge, utilisez un objet contondant comme un marteau pour la briser. En l'ouvrant de cette manière, vous pourrez récupérer la chair très facilement. Répétez la même opération avec la deuxième noix de coco.

Videz toute la chair et jetez les coques. Cassez les morceaux de chair dans le bol d'un blender ou d'un robot. Ajoutez environ 300 ml d'eau chaude (ou l'eau de coco réservée) et mixez jusqu'à ce que le mélange soit lisse.

Versez le mélange dans une passoire tapissée d'étamine, puis rassemblez les bords de l'étamine et pressez le lait dans un pichet ou un saladier. Cette première pression doit être riche et crémeuse.

Placez le mélange résiduel, toujours enveloppé dans l'étamine, dans un bol d'eau chaude et laissez-le tremper une heure, puis pressez une nouvelle fois l'étamine au-dessus d'un autre pichet ou saladier.

La première pression sera utilisée de préférence pour cuisiner, car elle est beaucoup plus riche et crémeuse. La seconde pression est vraiment délicieuse à boire. Vous pouvez conserver les deux laits séparément ou les mélanger.

Placez le lait de coco au réfrigérateur jusqu'à ce qu'il soit froid.
Il se conservera 4 à 5 jours.

Bombes fruitées énergétiques au maca

POUR 12 PIÈCES

100 g de baies de berbéris (épine-vinette) séchées
125 g de noix de cajou
50 g de tahini (pâte de sésame)
75 g de pruneaux
100 ml de sirop d'érable, de datte ou de riz
½ c. à c. d'extrait ou de pâte de vanille
2 c. à c. de poudre de maca (facultatif)
4 c. à s. de graines de sésame
Pincée de cannelle moulue

/ La maca possède une légère saveur maltée et les baies de berbéris sont assez relevées. Si vous ne trouvez pas de baies de berbéris (souvent vendues chez les épiciers du Moyen-Orient), utilisez des canneberges ou des cerises séchées coupées en morceaux.

Mettez tous les ingrédients dans le bol d'un robot et mixez-les environ une minute, ou jusqu'à ce que le mélange soit très finement haché et commence à former une masse.

Mettez ce mélange au réfrigérateur pendant 1 heure afin de le raffermir légèrement. Il sera plus facile à rouler.

Sortez-le du réfrigérateur. Roulez dans vos mains 12 boulettes de la taille d'une noix. Si le mélange est trop collant, humidifiez légèrement vos mains.

Mettez les boulettes dans un récipient hermétiquement fermé et stockez-les au réfrigérateur. Elles se conserveront une semaine.

Boulettes au thé vert matcha et au chanvre

POUR 16 BOULETTES

175 g de petits pois, frais ou surgelés (préalablement décongelés)
175 g d'edamame (fèves immatures de soja), surgelés
50 g de flocons d'avoine
3 c. à s. de beurre d'oléagineux (cacahuète, amande ou noix de cajou)
3 c. à s. de graines de chanvre décortiquées
1 à 2 c. à s. de thé vert matcha en poudre
Jus d'un demi-citron
6 c. à s. de graines de sésame noir ou blanc
1,5 à 3 c. à s. d'huile de coco, pour la friture, ou pour graisser la plaque du four
Sel de mer et poivre noir du moulin

/ Ces boulettes ont un goût « vert » très savoureux et sont très tendres (elles ne doivent pas être dures).

Blanchissez les petits pois et les fèves de soja dans de l'eau bouillante légèrement salée pendant 3 à 5 minutes, jusqu'à ce qu'ils soient tendres, puis égouttez-les.

Mettez les petits pois et les fèves égouttés et encore chauds dans le bol d'un robot. Ajoutez les flocons d'avoine, le beurre d'oléagineux, les graines de chanvre et le thé vert matcha. Pressez le jus d'un demi-citron puis réduisez le tout en purée. Le mélange doit conserver sa forme lorsque vous le pressez entre vos doigts.

Ensuite, mettez-le dans un saladier, salez et poivrez et ajoutez du jus de citron selon votre goût. Divisez le mélange en 16 portions égales que vous roulerez en petites boules. Mettez les graines de sésames dans une assiette, plus roulez-y les boulettes afin de les enduire entièrement. À ce stade, vous pouvez congeler les boulettes pour les faire cuire plus tard, ou les conserver dans un récipient hermétique jusqu'au moment de la cuisson.

Les boulettes peuvent être frites dans de l'huile de coco ou cuites au four. Pour les faire frire, faites chauffer une grande poêle à feu vif, faites fondre environ 1,5 cuillère à soupe d'huile de coco, mettez les boulettes dans la poêle et faites-les revenir et légèrement dorer (vous pouvez les faire cuire en plusieurs fois, en ajoutant de l'huile dans la poêle à mi-parcours).

Pour une cuisson au four, préchauffez votre four à 180 °C et répartissez les boulettes sur une plaque légèrement graissée. Faites-les cuire 20 à 25 minutes environ ou jusqu'à ce qu'elles soient légèrement croustillantes.

Les boulettes cuites se conserveront 4 à 5 jours au réfrigérateur.

Nouilles au thé vert

POUR 4 À 6 PERSONNES

NOUILLES

150 g de farine de type 00
210 g de farine blanche ordinaire + supplément pour fariner
3 c. à s. de thé vert matcha en poudre

BOUILLON

Morceau de racine de gingembre fraîche de 5 cm d'épaisseur, finement râpé
2 gousses d'ail, écrasées avec une pincée de sel
1 c. à s. de vin de riz Shaoxing ou de Xérès
¼ de c. à c. de poivre blanc du moulin
2 étoiles de badiane
1 bâton de cannelle
Pincée de piment
1 c. à s. de grains de poivre du Sichuan (facultatif)
6 oignons nouveaux
6 c. à s. de thé vert en vrac
3 c. à s. d'huile de sésame
3 c. à s. de sauce soja foncée
200 g de jeunes pousses (épinards ou pak choï/bok choy), grossièrement hachées
350 g d'edamame (fèves immatures de soja), de petits pois ou de fèves (les décongeler au préalable s'ils sont surgelés)
1 c. à s. de graines de sésame noir
Pâte de wasabi (facultatif)
Sel et poivre noir du moulin

/ Prendre ces nouilles au thé vert au petit-déjeuner est une excellente façon de commencer sa journée !

Pour préparer les nouilles au thé vert, mélangez les farines et le matcha dans un grand saladier jusqu'à obtenir un mélange homogène. Ajoutez 200 à 225 ml d'eau, ou suffisamment pour former une pâte souple mais ferme. Mettez la pâte sur un plan de travail et pétrissez-la pendant 10 minutes jusqu'à ce qu'elle soit homogène. Retournez le saladier par-dessus et laissez-la reposer 1 heure.

Divisez la pâte en 4 et abaissez chaque morceau très finement à l'aide d'un laminoir. Sinon, vous pouvez l'étaler le plus finement possible sur une surface légèrement farinée avec un rouleau à pâtisserie. >>>

>>> À l'aide d'un couteau pointu ou d'une machine à pâtes, découpez des nouilles de 1 cm de largeur et passez-les légèrement dans la farine. Si vous ne les utilisez pas immédiatement, suspendez-les sur un manche de balai propre et fariné (positionné horizontalement) jusqu'au moment de la cuisson.

Pour préparer le bouillon, versez 1,5 litre d'eau dans une grande casserole. Ajoutez le gingembre, l'ail, le vin de riz, le poivre blanc, la badiane, la cannelle, le piment et les grains de poivre du Sichuan, si vous en avez. Coupez la partie verte des oignons nouveaux, puis mettez-la dans la casserole. Émincez la partie blanche et réservez.

Portez à ébullition, puis retirez du feu et ajoutez les feuilles de thé. Couvrez et laissez infuser 30 minutes, puis passez au chinois dans une casserole propre.

Portez le bouillon à ébullition. Ajoutez une pincée de sel, les nouilles, portez de nouveau à ébullition et faites cuire les nouilles jusqu'à ce qu'elles soient tendres.

À l'aide d'une pince, transférez les nouilles dans un grand saladier, mélangez-les avec une cuillère à soupe d'huile de sésame et réservez.

Versez le reste de l'huile de sésame et la sauce soja dans le bouillon, puis laissez mijoter doucement pendant 5 à 10 minutes.

Goûtez le bouillon et ajustez l'assaisonnement si nécessaire. Ajoutez les jeunes pousses, les edamame, les petits pois ou les fèves, ainsi que le blanc des oignons nouveaux, et laissez mijoter quelques minutes de plus, ou jusqu'à ce que les pousses soient tout juste tendres.

Répartissez les nouilles dans 4 à 6 bols de service. À l'aide d'une louche, versez par-dessus le bouillon et les légumes chauds. Saupoudrez de graines de sésame et ajoutez un peu de wasabi, si vous le souhaitez.

Une fois par semaine (le dimanche, par exemple), prenez le temps de planifier la semaine à venir. Triez vos en-cas, remplissez vos placards et votre réfrigérateur pour ne pas vous retrouver coincé (affamé et malheureux) au beau milieu de la semaine. Aussi ennuyeux que cela puisse paraître, cela vous facilitera la vie, et vous serez plus détendu et bien plus heureux.

Aloo Tikki / Chutney de noix aux herbes

POUR 6 GRANDES GALETTES OU 18 PETITES

ALOO TIKKI

2 à 3 pommes de terre farineuses, de type Bintje (environ 500 g)
3 c. à s. de farine de riz + supplément pour fariner
2 c. à s. d'huile de coco + supplément pour faire frire les galettes
1 c. à c. de graines de cumin
1,5 c. à c. de graines d'oignon noir
12 feuilles de curry (kaloupilé) ou 2 c. à s. de coriandre fraîche hachée
1 oignon, finement haché
1 piment vert, épépiné et finement haché
Morceau de racine de gingembre fraîche de 6 cm d'épaisseur, finement râpé
2 gousses d'ail, écrasées
½ c. à c. de garam masala
1 c. à c. de sel
Jus d'un demi-citron
25 g de noix de coco séchée râpée non sucrée, ou 125 g de noix de coco fraîche râpée
100 g de petits pois, frais ou surgelés (préalablement décongelés)

CHUTNEY

3 c. à s. de cerneaux de noix, légèrement grillés et hachés
4 c. à s. de coriandre fraîche finement hachée
2 c. à s. de menthe fraîche hachée
1 piment vert épépiné et finement haché
1 gousse d'ail écrasée
Morceau de racine de gingembre fraîche de 3 cm d'épaisseur, finement râpé
Pincée de sel
1 c. à s. de jus de citron

/ Ce plat indien vendu dans la rue (sorte de beignet de pommes de terre) est parfait pour un délicieux brunch épicé. Sinon, vous pouvez également le déguster en fin de journée avec une bière fraîche.

Préchauffez votre four à 200 °C.

Piquez chaque pomme de terre deux ou trois fois avec une fourchette puis enfournez-les 45 minutes à 1 heure, ou jusqu'à ce qu'elles soient tendres. (Sinon, vous pouvez également les éplucher et les couper en quartiers, puis les faire bouillir dans de l'eau légèrement salée jusqu'à ce qu'elles soient tendres).

Pendant que les pommes de terre cuisent, préparez le chutney. Mélangez tous les ingrédients dans un saladier, en ajoutant un peu d'eau pour délayer. Réservez. >>>

>>> Lorsque les pommes de terre sont cuites et ont suffisamment refroidi pour être manipulées, épluchez-les, mettez-les dans un grand saladier et écrasez-les soigneusement. (Vous devez obtenir environ 350 g de purée). Incorporez petit à petit la farine de riz à la purée de pommes de terre, de manière à obtenir une pâte.

Faites chauffer l'huile de coco dans une poêle. Ajoutez les graines de cumin, les graines d'oignon et les feuilles de curry ou la coriandre, et faites-les frire 1 à 2 minutes, ou jusqu'à ce que les feuilles de curry commencent à grésiller. Ajoutez l'oignon haché et le piment et faites-les cuire 8 à 10 minutes jusqu'à ce qu'ils soient tendres, sans les colorer.

Ajoutez le gingembre, l'ail et le garam masala, et poursuivez la cuisson quelques minutes. Incorporez le sel, le jus de citron et la noix de coco, puis versez le contenu de la poêle sur la pâte de pommes de terre. Mélangez bien. Mettez les petits pois dans la poêle encore chaude, et faites-les frire quelques minutes, jusqu'à ce qu'ils commencent à s'attendrir. Retirez du feu et réservez.

Divisez la pâte de pommes de terre en 6 grandes galettes, ou 18 petites. Farinez vos mains, et formez les galettes une à une en pressant une portion de pâte dans votre paume. Placez quelques petits pois au centre de chaque galette et rapprochez les bords de la pâte de manière à recouvrir les petits pois. Saupoudrez la galette avec un peu de farine de riz, réservez, puis répétez l'opération avec le reste de la pâte.

Faites chauffer une poêle à feu moyen et ajoutez ½ cuillère à soupe d'huile de coco. Une fois l'huile fondue, déposez quelques galettes dans la poêle et faites-les cuire 3 à 4 minutes, jusqu'à ce qu'elles soient légèrement dorées à la base, puis retournez-les et faites-les cuire 3 à 4 minutes de l'autre côté. Poursuivez la cuisson des galettes.

Servez les galettes chaudes avec le chutney.

L'huile de coco est légèrement sucrée, et se trouve généralement sous forme solide. Elle peut se substituer au beurre et aux huiles car son point de fusion est élevé. Elle peut avoir un léger goût de noix de coco et prendre le pas sur certains ingrédients plus délicats. Le beurre de coco, en revanche, n'a presque pas de goût.

Galettes aux aubergines et aux pommes de terre / Polenta de maïs doux

POUR 12 PETITES GALETTES

GALETTES

1 grosse pomme de terre (350 g environ)
2 grosses aubergines, coupées en cubes de 4 cm de côté
3 c. à s. d'huile d'olive + supplément pour la friture
400 g de pois chiches, égouttés et écrasés
1 c. à s. de tahini (pâte de sésame) (facultatif)
2 gousses d'ail, écrasées
1 c. à c. de cumin moulu
Zeste et jus d'un demi-citron
Petit bouquet de thym frais
Sel et poivre noir du moulin

POLENTA DE MAÏS DOUX

6 épis de maïs doux
3 c. à s. d'huile d'olive extra-vierge

Préchauffez votre four à 200 °C.

Piquez la pomme de terre deux ou trois fois avec une fourchette et faites-la cuire au four 45 minutes à 1 heure, ou jusqu'à ce qu'elle soit tendre.

Dans le même temps, mettez les cubes d'aubergines dans un plat à rôtir avec 3 c. à s. d'huile d'olive. Ajoutez une pincée de sel, mélangez bien et faites cuire environ 40 minutes, en mélangeant une ou deux fois, jusqu'à ce que les cubes soient très tendres.

Lorsque la pomme de terre est cuite et a suffisamment refroidi pour être manipulée, épluchez-la, mettez-la dans un grand saladier et écrasez-la bien. (Vous devez obtenir environ 325 g de purée.) Ajoutez les aubergines cuites et écrasez soigneusement le tout.

Ajoutez ensuite les pois chiches écrasés, le tahini (pâte de sésame), si vous en avez, l'ail, le cumin, le zeste et le jus de citron, et 1 cuillère à soupe de feuilles de thym (prélevées sur les brins). Assaisonnez et mélangez bien le tout, puis réservez.

Pour préparer la polenta, coupez les extrémités de chaque épi de maïs. Positionnez-les verticalement et prélevez soigneusement les grains à l'aide d'un couteau pointu.

Mettez les grains de maïs dans une casserole de taille moyenne puis couvrez-les d'eau. Ajoutez l'huile, et laissez mijoter doucement à feu moyen pendant 12 minutes. >>>

>>> Égouttez le maïs, réservez l'eau de cuisson, et mettez les grains dans le bol d'un robot. Mixez le maïs jusqu'à obtenir une pâte lisse, en ajoutant un peu d'eau de cuisson pour faciliter l'opération.

Remettez la pâte de maïs dans la casserole avec le reste de l'eau de cuisson et faites mijoter à feu doux, sans cesser de remuer, 10 à 15 minutes environ, ou jusqu'à ce que le mélange épaississe et ait la consistance d'une colle à papier peint. Assaisonnez et poursuivez la cuisson 2 minutes. Goûtez et ajustez l'assaisonnement. Réservez au chaud pendant que vous faites cuire les galettes.

Faites chauffer une cuillère à soupe d'huile d'olive dans une grande poêle, ajoutez quelques brins de thym et déposez de grosses cuillerées de pâte par-dessus. Faites frire les galettes 3 à 4 minutes de chaque côté, ou jusqu'à ce qu'elles soient dorées et bien cuites. Faites-les cuire en plusieurs fois, en rajoutant de l'huile lorsque c'est nécessaire.

Disposez la polenta de maïs doux dans un saladier (ou sur un plat de service), surmontée des galettes, afin que chaque convive puisse se servir.

Haricots à la mélasse / Purée de petits pois

POUR 6 À 8 PERSONNES

250 g de haricots pinto ou de haricots blancs secs
250 g de haricots noirs secs
30 g de vergeoise brune
2 c. à c. de cannelle moulue
3 c. à s. de mélasse
2 c. à s. de moutarde anglaise en poudre
1 c. à c. de paprika fumé
8 clous de girofle
2 brins de thym frais
6 feuilles de laurier
4 gros oignons, hachés
8 gousses d'ail, écrasées
2 piments rouges coupés dans le sens de la longueur, avec la queue
2 boîtes de 400 g de tomates
2 c. à s. de vinaigre de vin
Sel et poivre noir du moulin

PURÉE DE PETITS POIS

5 c. à s. d'huile d'olive
1 gousse d'ail, écrasée
3 oignons nouveaux hachés
150 g de petits pois, frais ou surgelés
2 c. à s. de jus de citron
1 c. à s. d'aneth, d'estragon ou de menthe hachés

Versez les haricots secs dans un grand saladier, couvrez-les entièrement d'eau et laissez-les tremper 8 heures ou toute une nuit. Égouttez-les puis rincez-les soigneusement, puis mettez-les dans une grande cocotte.

Préchauffez votre four à 150 °C.

Mélangez le sucre, la cannelle, la mélasse et la moutarde en poudre dans un bol, puis versez ce mélange dans les haricots. Ajoutez tous les ingrédients restants, à l'exception du vinaigre.

Couvrez les haricots avec un litre d'eau et portez à ébullition, en écumant si nécessaire. Couvrez-les avec un couvercle hermétique puis enfournez-les pendant 3 à 4 heures, ou jusqu'à ce qu'ils soient tendres. Vérifiez la cuisson de temps en temps, et ajoutez de l'eau bouillante si la préparation semble trop sèche.

Sortez les haricots du four et ajoutez le vinaigre en remuant. Goûtez et ajustez l'assaisonnement si nécessaire.

Pour la purée de petits pois, faites chauffer 2 cuillères à soupe d'huile dans une casserole à feu moyen-vif. Ajoutez l'ail et les oignons nouveaux, et faites cuire 2 à 3 min jusqu'à ce qu'ils soient tendres. Ajoutez les petits pois, mélangez et arrosez d'un verre d'eau. Couvrez et faites cuire 3 à 5 min jusqu'à ce que les petits pois soient tendres.

Retirez les petits pois du feu et écrasez-les bien. Incorporez le jus de citron, les herbes hachées et le reste de l'huile, et assaisonnez selon votre goût.

Servez les haricots dans des bols ou sur des toasts, avec la purée de petits pois à part.

Sauce ceviche au maïs / Toasts à l'avocat

POUR 4 PERSONNES

CEVICHE AU MAÏS

1 c. à s. d'huile végétale
1 piment scotch bonnet, épépiné et finement haché
1 poivron jaune, épépiné et finement haché
½ oignon, finement haché
1 petite gousse d'ail, écrasée
Zeste et jus d'une orange
Jus de 2 citrons verts
Grains de 2 épis de maïs non cuits
Morceau de racine de gingembre fraîche de 1 cm d'épaisseur, finement râpé
Sel

HUILE À LA CORIANDRE

Feuilles d'un petit bouquet de coriandre fraîche
100 ml d'huile d'olive extra-vierge

ACCOMPAGNEMENT

Huile d'olive, pour la friture
4 tranches de pain au levain
2 gros avocats
3 oignons nouveaux, finement tranchés

Pour préparer la sauce ceviche, versez l'huile végétale dans une grande casserole à fond épais. Faites chauffer à feu moyen, puis ajoutez le piment, le poivron, l'oignon, l'ail et le zeste d'orange, et assaisonnez avec une pincée de sel.

Faites-les cuire à feu doux 5 à 6 minutes environ, ou jusqu'à ce qu'ils soient tendres. Ils ne doivent pas colorer. Retirez la casserole du feu et laissez refroidir.

Une fois les légumes refroidis, incorporez les jus d'orange et de citron vert, deux tiers des grains de maïs et le gingembre râpé. Transférez ce mélange dans un robot ou un blender et mixez jusqu'à obtenir une consistance très lisse. Égouttez dans un bol, et réservez le jus.

Pour préparer l'huile à la coriandre, portez une petite casserole d'eau légèrement salée à ébullition, ajoutez la coriandre, retirez immédiatement du feu, égouttez la coriandre et refroidissez-la sous l'eau froide. Égouttez de nouveau, pressez la coriandre pour ôter tout excédent d'eau, puis hachez les feuilles grossièrement et mettez-les dans le bol d'un robot. Ajoutez l'huile et mixez jusqu'à obtenir une consistance lisse. Réservez.

Faites chauffer un peu d'huile d'olive dans une grande poêle à frire ou à griller, et faites frire les tranches de pain au levain des deux côtés jusqu'à ce qu'elles soient dorées. Disposez une tranche de pain grillé sur chaque assiette.

Pour accompagner, tranchez finement les avocats et répartissez-les sur les toasts. Arrosez-les d'un filet de sauce ceviche et d'huile de coriandre.

Pour finir, parsemez les quelques grains de maïs restants et les oignons nouveaux tranchés.

Beurre d'oléagineux crus

POUR 1 POT MOYEN

250 g de fruits secs oléagineux (les noix de cajou ou les pistaches sont idéales)

Faites tremper les fruits secs (avec ou sans la peau, selon votre goût) toute une nuit dans une bonne quantité d'eau froide.

Le jour suivant, égouttez les fruits secs, rincez-les, égouttez-les de nouveau et mettez-les dans le bol d'un robot. Mixez jusqu'à obtenir la consistance souhaitée.

Beurre d'oléagineux grillés

POUR 1 POT MOYEN

250 g de cacahuètes, amandes, noix de cajou, noix du Brésil, noix de macadamia, pistaches ou noisettes

Petite cuillerée d'huile de coco, de colza ou d'arachide (facultatif)

Préchauffez votre four à 180 °C.

Étalez les fruits secs sur une plaque de four. Faites-les griller 6 à 7 minutes (réglez la minuterie !).

Vérifiez la cuisson, secouez la plaque et remettez-la au four. Faites griller les fruits secs encore quelques minutes, ou jusqu'à ce qu'ils soient bien dorés. Pour vérifier s'ils sont prêts, coupez-en un en deux. Le centre doit être doré. Une fois grillés, mettez-les sur une assiette et laissez-les refroidir complètement.

Mettez les fruits secs refroidis dans le bol d'un robot et mixez, en raclant bien la paroi du bol de temps en temps, jusqu'à obtenir la consistance souhaitée. Cela peut prendre 5 à 10 minutes, soyez patient. Si vous souhaitez un beurre un peu plus huileux, ajoutez de l'huile de coco, de colza ou d'arachide.

Le beurre d'oléagineux est très facile à préparer et cela revient moins cher que de l'acheter. Vous pouvez l'adapter à votre goût en utilisant des fruits oléagineux grillés ou crus, en ajoutant du sucre ou du sirop, du sel, de l'huile... Utilisez les recettes ci-contre comme point de départ.

Le lait d'avoine est rapide et facile à préparer, et possède une délicieuse saveur maltée. Utilisez-le dans le thé ou le granola, ou pour préparer des latte et des smoothies.

Lait d'avoine

Pour 100 g de flocons d'avoine ordinaires ou précuits, ajoutez 750 ml d'eau et laissez tremper 30 minutes au minimum. Pour obtenir un lait plus crémeux, laissez tremper 3 à 4 heures, voire toute une nuit.

Placez un morceau d'étamine dans une passoire au-dessus d'un grand saladier, et versez-y le lait d'avoine. Rassemblez les bords de l'étamine et pressez fortement pour faire sortir le plus de liquide possible, en laissant les flocons d'avoine à l'intérieur de l'étamine.

Le lait d'avoine se conserve 3 à 4 jours au réfrigérateur.

Latte au curcuma et à la mangue

POUR 1 PERSONNE

200 ml de lait d'amande ou d'avoine
2 c. à c. de nectar d'agave, ou de sirop d'érable ou de riz
½ c. à c. de curcuma moulu
Petite pincée de sel de mer
Pincée de cardamome moulue (facultatif)
La moitié d'une mangue mûre, pelée, dénoyautée et coupée en morceaux

Versez le lait dans une petite casserole et ajoutez le sirop, le curcuma, le sel et la cardamome, si vous en avez.

Portez le mélange à frémissement. Retirez du feu, ajoutez les morceaux de mangue et laissez reposer 5 minutes.

Versez ce mélange dans un blender ou utilisez un mixeur plongeant, et mixez jusqu'à obtenir une consistance lisse.

Versez dans un verre et servez chaud.

/ Vous pouvez remplacer le curcuma moulu par du curcuma frais, si vous en trouvez. Coupez un morceau de 4 cm, ôtez la peau en la grattant avec l'extrémité d'une petite cuillère, râpez-le finement et mettez-le dans la casserole avec le lait.

Cookies aux amandes et aux pois chiches

POUR UNE TRENTAINE DE COOKIES

1 boîte de 400 g de pois chiches
50 g de poudre d'amandes
150 g de graines de chanvre décortiquées
½ c. à c. d'extrait ou de pâte de vanille
100 g de beurre d'amande ou d'un autre beurre d'oléagineux
Pincée de sel
Zeste d'un citron, finement râpé, ou petite pincée de cardamome moulue (facultatif)
½ c. à c. de crème de tartre
125 g de sucre blond en poudre ou de vergeoise blonde + supplément pour saupoudrer
1 c. à c. de levure chimique
Amandes effilées, pour garnir

/ Les graines de chanvre décortiquées ont une texture humide, oléagineuse : les cookies seront croustillants et moelleux à cœur.

Préchauffez votre four à 180 °C et tapissez deux plaques de 22 x 32 cm de papier sulfurisé.

Égouttez les pois chiches, en réservant le liquide, et mettez-les dans le bol d'un robot. Ajoutez la poudre d'amandes, les graines de chanvre, la vanille, le beurre d'oléagineux et le sel, et mixez jusqu'à obtenir une consistance très lisse. Versez ce mélange dans un saladier et incorporez le zeste de citron ou la cardamome.

Versez le jus des pois des chiches dans un grand saladier et battez-le environ 5 minutes à l'aide d'un batteur à main électrique jusqu'à ce qu'il ait doublé de volume et soit blanc et mousseux.

Ajoutez la crème de tartre et battez encore une minute. Ajoutez lentement le sucre, en fouettant jusqu'à ce que des pics fermes et brillants se forment à la surface du mélange.

Incorporez la levure chimique au mélange pois chiches-amandes sans cesser de battre, puis un tiers de la meringue. Incorporez soigneusement le reste de la meringue. À l'aide d'une cuillère, déposez des petits tas de pâte sur les plaques tapissées de papier sulfurisé, en espaçant bien les cookies.

Saupoudrez généreusement les cookies d'amandes effilées et d'un petit peu de sucre. Enfournez 20 à 25 minutes ou jusqu'à ce que les cookies soient légèrement dorés. Sortez-les du four. Laissez-les refroidir quelques minutes sur les plaques, puis mettez-les sur une grille afin qu'ils refroidissent complètement.

Ils se conserveront 4 à 5 jours dans un récipient hermétique.

Lait d'amande

POUR ENVIRON 750 ml

300 g d'amandes (vous pouvez utiliser d'autres fruits secs oléagineux décortiqués si vous préférez)

/ Vous pouvez également utiliser le lait d'oléagineux pour fabriquer des glaçons : versez le lait frais dans des bacs à glaçons. Une fois solidifiés, démoulez les glaçons, transférez-les dans un sac de congélation et remettez-les au congélateur. Vous pouvez utiliser ces cubes crémeux pour agrémenter les smoothies.

/ Pas le temps de préparer du lait d'amande frais ? Vous pouvez tricher : mettez quelques cuillères à soupe de beurre d'oléagineux dans de l'eau froide, et mixez dans un blender jusqu'à obtenir une consistance soyeuse. Égouttez le mélange pour une consistance ultra-onctueuse.

Mettez les amandes dans un grand saladier et couvrez-les entièrement d'eau. Laissez-les tremper au moins 8 à 12 heures (voire 2 à 3 jours). Plus vous les laisserez tremper, plus elles seront faciles à mixer, et plus le lait sera crémeux.

Égouttez et rincez les amandes. Si la peau est toujours présente, retirez-la puis jetez-la. Vous pouvez également la conserver si vous préférez (le lait aura une couleur plus claire si vous ôtez la peau).

Mesurez 1,2 litre d'eau froide. Mettez les amandes dans un blender ou le bol d'un robot.

Couvrez les amandes avec une partie de l'eau mesurée puis mixez-les à grande vitesse, en rajoutant de l'eau si nécessaire, jusqu'à ce que le mélange soit très lisse, blanc et mousseux. Vous n'aurez pas forcément besoin de toute l'eau. Arrêtez-vous lorsque vous obtenez la consistance désirée.

Mettez un morceau d'étamine dans une passoire au-dessus d'un saladier et versez-y le lait. Rassemblez les bords de l'étamine et pressez fortement pour faire sortir le plus de liquide possible, en gardant les amandes à l'intérieur de l'étamine.

Le lait se conserve au réfrigérateur 3 à 4 jours.

Il vous reste la pulpe d'amande. Vous pouvez l'utiliser pour préparer des smoothies, des barres ou des boules énergétiques (vous pouvez la congeler si vous n'en avez pas besoin immédiatement).

Sinon, pour confectionner de la poudre d'amandes, étalez uniformément la pulpe d'amande sur une plaque et mettez-la au four préchauffé à 120 °C pendant une heure environ, en remuant de temps en temps, ou jusqu'à ce qu'elle soit complètement sèche, puis conservez-la dans un récipient hermétique. Vous pouvez l'utiliser dans les gâteaux et les biscuits.

Vous trouverez des gros sacs d'oléagineux à un coût bien moindre dans les épiceries exotiques. Idem pour les épices, les herbes fraîches et les légumineuses.

Boulettes de riz au tofu / Sauce aux fruits de la passion

50 BOULETTES DE RIZ

½ portion de riz à sushi (voir p. 97)
300 g de tofu ferme
6 oignons nouveaux finement hachés
Morceau de racine de gingembre fraîche de 5 cm d'épaisseur, finement râpé
2 gousses d'ail, écrasées
2 c. à s. de miso blanc
Edamame (fèves immatures de soja) (facultatif)
Huile végétale, pour la friture
Sel et poivre noir du moulin

SAUCE AUX FRUITS DE LA PASSION

6 fruits de la passion
3,5 c. à s. de sauce soja claire
1 c. à s. de mirin
½ c. à c. de wasabi
Quelques feuilles de menthe fraîche, coupées en fines lanières
2 c. à c. d'huile de sésame
1 c. à c. de vergeoise blonde
Pétales de souci (facultatif)

Préparez le riz à sushi (p. 97). Pendant qu'il est encore chaud, mélangez-le avec le tofu émietté, puis ajoutez les oignons nouveaux, le gingembre, l'ail et le miso. Assaisonnez selon votre goût, puis mélangez bien.

Humidifiez vos mains, puis formez des boulettes de la taille d'une noix. Insérez une fève d'edamame au centre de chaque boulette, si vous le souhaitez. Disposez les boulettes sur une plaque, mettez-les au réfrigérateur et laissez-les refroidir pendant que vous préparez la sauce.

Coupez chaque fruit de la passion en 2, et prélevez la chair dans un saladier à l'aide d'une petite cuillère. Ajoutez 1 cuillère à soupe d'eau et le reste des ingrédients, à l'exception des pétales de souci, et mélangez bien pour dissoudre le sucre, en ajoutant une pincée de poivre noir. Parsemez de pétales de souci puis réservez.

Faites chauffer une grande poêle, ajoutez 2 cuillères à soupe d'huile végétale, puis quelques boulettes de riz froides (vous devrez les faire cuire en plusieurs fois, en rajoutant de l'huile si nécessaire), et faites-les cuire 5 à 8 minutes, en les faisant rouler dans la poêle de temps en temps, jusqu'à ce qu'elles soient dorées et bien chaudes. Disposez-les sur une assiette recouverte d'essuie-tout et réservez-les au chaud pour finir la cuisson.

Servez les boulettes de riz chaudes avec la sauce aux fruits de la passion à part.

/ Les pétales de souci (*Calendula officinalis*) apportent de la couleur et une légère saveur poivrée. Elles sont délicieuses à grignoter à l'apéritif, lors d'un brunch ou d'un déjeuner notamment.

Panzanella à la pastèque et à la tomate

POUR 6 À 8 PERSONNES

PASTÈQUE AU VINAIGRE

500 g de pastèque
2 gousses d'ail, écrasées
250 ml de vinaigre de cidre de pomme
100 ml de vinaigre de Xérès
50 g de sucre blond en poudre
75 g de vergeoise blonde
1 grosse c. à s. de sel de mer

SALADE

300 g de pain au levain de la veille
2 c. à s. d'huile d'olive
3 gousses d'ail, 1 entière, 2 pelées et finement hachées
2 c. à s. de câpres hachées
2 c. à s. de persil plat haché
6 tomates italiennes, épépinées et hachées
4 à 6 figues mûres hachées
1 oignon rouge finement tranché
½ concombre épépiné et coupé en cubes de 2 cm de côté
100 g d'olives de Kalamata, dénoyautées et hachées
Feuilles d'un petit bouquet de basilic frais, grossièrement déchiquetées
Sel et poivre noir du moulin

SAUCE

3,5 c. à s. de vinaigre de vin rouge
150 ml d'huile d'olive
1 gousse d'ail, écrasée
Pincée de sucre

Pour préparer l'écorce de pastèque au vinaigre, prélevez la chair, coupez-la en cubes de 5 cm et réservez. Coupez l'écorce en fines lanières et mettez-la dans un saladier résistant à la chaleur avec l'ail écrasé.

Mettez le vinaigre, le sucre et le sel dans une poêle avec 350 ml d'eau. Portez à ébullition, puis versez dans le saladier sur l'écorce de pastèque. Laissez refroidir.

Préparez maintenant la salade. Arrosez les deux côtés des tranches de pain d'un filet d'huile d'olive, puis faites-les griller à la poêle. Frottez chaque côté des toasts avec la gousse d'ail entière. Coupez les toasts en cubes de 2,5 cm de côté. Réservez.

Égouttez l'écorce de pastèque et mettez-la dans un grand saladier. Ajoutez le pain grillé et tous les autres ingrédients de la salade (y compris la chair de pastèque) et mélangez. Salez et poivrez.

Fouettez tous les ingrédients de la sauce dans un bol et versez sur la salade. Mélangez et laissez mariner 1 heure au réfrigérateur avant de servir.

Akis et haricots noirs fermentés / Sauce aux noix

POUR 4 PERSONNES

SAUCE AUX NOIX

Menthe, persil, aneth et coriandre frais hachés : 2 c. à s. de chaque
50 g de cerneaux de noix, légèrement grillés en petits morceaux
1 gousse d'ail écrasée
6 c. à s. d'huile d'olive
2 c. à s. de jus de citron ou de citron vert
Poivre noir du moulin

AKIS ET HARICOTS NOIRS

2 c. à s. de haricots noirs chinois fermentés, secs ou en conserve
3 c. à s. d'huile d'olive
1 petit oignon rouge, coupé en tranches très fines
2 gousses d'ail écrasées
6 brins de thym frais
½ piment scotch bonnet, finement haché
4 oignons nouveaux finement hachés
¼ de c. à c. de piment de la Jamaïque (quatre-épices)
540 g d'akis en conserve, égouttés

/ Cette préparation peut être servie sur des feuilles croquantes de sucrine ou de laitue romaine, déposées sur un lit de riz et de haricots rouges (voir p. 42). Elle est également parfaite pour préparer une entrée rapide et savoureuse, ou servie sur des petits toasts.

/ Les haricots noirs chinois fermentés sont des fèves de soja noir, tendres et salées.

/ L'aki (ou akée) est un fruit des Caraïbes qui ressemble à un pamplemousse. Une fois mûr, il s'ouvre, révélant de grosses graines noires (non comestibles) et des lobes charnus jaune pâle. Il s'achète en conserve.

Commencez par préparer la sauce en mélangeant les herbes hachées, les noix, l'ail et l'huile d'olive dans un bol, puis ajoutez le jus de citron ou de citron vert et le poivre selon votre goût.

Si vous utilisez des haricots secs, rincez-les à l'eau froide. S'ils sont en conserve, égouttez-les puis rincez-les. Coupez-les en morceaux.

Pour préparer l'aki, commencez par faire chauffer l'huile d'olive dans une grande poêle, ajoutez l'oignon rouge, l'ail, les feuilles de thym et le piment, et faites-les cuire à feu moyen 5 minutes environ, ou jusqu'à ce qu'ils soient tendres. Ajoutez les oignons nouveaux, les haricots noirs et le piment de la Jamaïque, et faites-les cuire une minute ou deux. Incorporez délicatement l'aki (il est très fragile) et laissez-le sur le feu quelques minutes jusqu'à ce qu'il soit bien chaud. Retirez du feu.

Versez un filet de sauce sur l'aki, et servez le reste à part.

Riz et haricots rouges

POUR 6 PERSONNES

200 g de haricots rouges secs
2 gousses d'ail écrasées
3 oignons nouveaux
400 ml de lait de coco
¼ de c. à c. de piment de Jamaïque (quatre-épices) moulu
1 piment scotch bonnet
Sel et poivre noir du moulin

VERSION RAPIDE

2 boîtes de 400 g de haricots rouges
1 boîte de 400 ml de lait de coco
2 gousses d'ail écrasées
2 oignons nouveaux
1 piment scotch bonnet
1 brin de thym frais
¼ de c. à c. de poivre noir du moulin
350 g de riz long grain, bien rincé et égoutté
Sel

Dans un grand saladier, couvrez les haricots rouges d'eau et laissez-les tremper au moins 12 h ou toute une nuit. Égouttez-les, rincez-les soigneusement, puis égouttez-les de nouveau.

Mettez les haricots dans une casserole avec 1 litre d'eau. Ajoutez l'ail, et faites bouillir 10 minutes. Baissez le feu, couvrez et laissez mijoter 45 minutes à 1 h, ou jusqu'à ce que les haricots soient tout juste tendres.

Ajoutez les oignons nouveaux entiers dans la casserole avec les haricots, et poursuivez la cuisson 30 minutes. Mélangez le lait de coco et le piment de Jamaïque avec les haricots, puis ajoutez le riz, le thym et le piment entier. Assaisonnez, mélangez et portez à frémissement, puis couvrez hermétiquement avec du papier aluminium et un couvercle. Baissez le feu et laissez cuire 30 minutes sans ôter le couvercle, jusqu'à ce que le riz soit tendre.

Hors du feu, ôtez ail, oignons nouveaux, thym et piment. Égrenez le riz et assaisonnez.

Version rapide

Égouttez les boîtes de haricots dans un pichet gradué et ajoutez la boîte de lait de coco, ce qui devrait vous donner environ 700 ml. Complétez avec de l'eau pour obtenir 1,2 litre. Mettez ce liquide, les haricots, l'ail, l'oignon nouveau, le piment et le thym dans une grande casserole. Poivrez et salez selon votre goût, portez à ébullition puis incorporez le riz. Portez de nouveau à ébullition et laissez mijoter 2 minutes.

Couvrez hermétiquement et laissez cuire à feu doux 15 à 20 minutes ou jusqu'à ce que l'eau soit entièrement absorbée. Hors du feu, ôtez ail, oignons nouveaux, piment et thym. Égrenez le riz avant de servir.

Graines bienfaisantes

Chia, tournesol, courge, chanvre, sésame, lin brun, lin blond, ou cameline (moins connue)... Toutes ces petites graines sont riches en protéines et très nourrissantes. Elles sont disponibles sous différentes formes — entières, moulues, décortiquées, sous forme de pâte ou d'huile, que vous pouvez utiliser dans les salades, les pains et les gâteaux, incorporer à des boulettes énergétiques ou verser en filet sur un toast.

Les graines de chia, de lin et de cameline peuvent se substituer aux œufs.

Faites tremper 1 cuillère à soupe de graines dans 3 cuillères à soupe d'eau chaude pendant 3 minutes. Elles remplaceront les œufs dans les pâtisseries. Pour d'autres substituts aux œufs, voir la recette de l'aquafaba à la page 70.

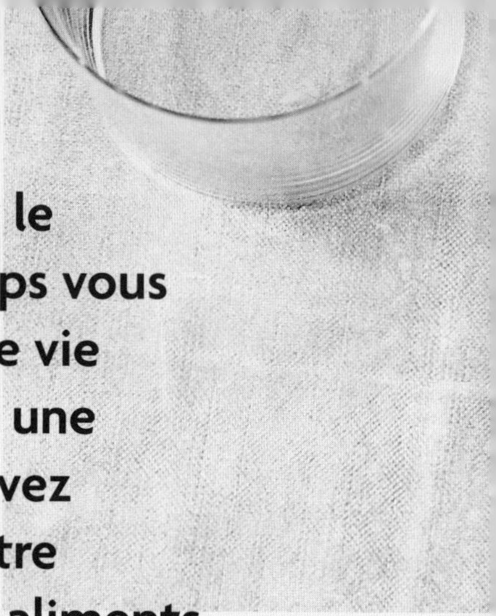

Toute personne pratiquant le véganisme depuis longtemps vous dira que choisir ce mode de vie revient à s'embarquer dans une grande aventure. Vous pouvez commencer par réduire votre consommation de certains aliments, chercher des substituts, ou assouplir quelque peu les règles lorsque vous sortez ou que vous vous retrouvez dans une situation délicate. Vous pouvez devenir totalement vegan, en évitant tous les produits dérivés des animaux (depuis le cuir jusqu'à la colle, en passant par les cosmétiques). Votre degré d'engagement va évoluer au fil du temps. Faites preuve de patience (envers vous-même) et pour garder vos amis, soyez patient avec eux !

Salade de tomates / Sauce cacahuète

POUR 4 PERSONNES,
en accompagnement

SAUCE
1 c. à s. de mirin
1 c. à s. de vinaigre de riz noir
Jus de 1 citron vert et demi
2 c. à c. de sucre blond en poudre
1 c. à s. d'huile de sésame
4 c. à s. de cacahuètes grillées non salées, écrasées
1 piment rouge épépiné et finement haché
4 gousses d'ail, écrasées
3 oignons nouveaux finement hachés
¼ de c. à c. de sel
¼ de c. à c. de sucre
1 c. à c. de graines de sésame
¼ de c. à c. de piment en poudre
4 c. à s. de feuilles de coriandre fraîche hachées
2 c. à s. de feuilles de basilic frais hachées
3 c. à s. de feuilles de menthe fraîche hachées

SALADE
4 grosses tomates mûres

Mélangez tous les ingrédients de la sauce dans un saladier et réservez.

À l'aide d'un couteau bien aiguisé, coupez les tomates en tranches épaisses.

Disposez les tranches de tomate sur une grande assiette de service, et arrosez-les de sauce cacahuète à l'aide d'une cuillère.

/ Cette sauce cacahuète (et la sauce sésame ci-contre) peuvent être utilisées de mille et une façons. Elles sont toutes deux délicieuses dans une salade croquante ou un plat d'inspiration asiatique.

Nouilles soba aux asperges / Sauce sésame

POUR 4 PERSONNES, en entrée ou en accompagnement

NOUILLES

250 g de nouilles soba (à base de farine de sarrasin)
1 c. à s. d'huile de sésame
500 g d'asperges, parées
6 oignons nouveaux tranchés
Sel

SAUCE

5 c. à s. de mirin
5 c. à s. de sauce soja claire
Morceau de racine de gingembre fraîche de 2,5 cm d'épaisseur, finement râpé
Wasabi selon votre goût
2 c. à s. de graines de sésame noir

Pour faire cuire les nouilles, portez une grande casserole d'eau légèrement salée à ébullition puis jetez-y les nouilles, tout en remuant pour les empêcher de coller. Portez à ébullition et laissez cuire les nouilles 4 à 5 minutes, ou jusqu'à ce qu'elles soient tout juste tendres. Égouttez-les et refroidissez-les immédiatement dans une bonne quantité d'eau froide. Égouttez bien.

Mettez les nouilles égouttées dans un grand saladier, ajoutez l'huile de sésame, mélangez bien et réservez.

Portez une casserole d'eau légèrement salée à ébullition. Blanchissez les asperges en les plongeant 2 à 4 minutes dans l'eau bouillante. Égouttez-les puis refroidissez-les dans un saladier d'eau froide. Égouttez-les de nouveau puis mettez-les dans le saladier de nouilles avec les oignons nouveaux émincés.

Mélangez le mirin, la sauce soja et le gingembre dans un bol. Incorporez un peu de wasabi, selon votre goût, puis les graines de sésame. Versez suffisamment de sauce sur les nouilles afin de bien les enduire et mélangez.

Tofu tikka masala / Curry de betterave

POUR 4 À 6 PERSONNES

TOFU TIKKA MASALA

2 c. à c. de coriandre moulue
1 c. à c. de cumin moulu
½ c. à c. de clous de girofle moulus
1 c. à c. de paprika
1 c. à c. de curcuma moulu
2 c. à c. de garam masala
Zeste finement râpé et jus d'un citron
1 oignon rouge haché
4 gousses d'ail écrasées
Morceau de racine de gingembre fraîche de 5 cm d'épaisseur, grossièrement haché
1 à 2 piments rouges épépinés et hachés finement ou 1 c. à c. de piment séché en flocons
400 g de lait de coco
1 c. à c. de sel
1 kg de tofu ferme, coupé en morceaux de 2 x 4 cm

CURRY

4 c. à s. d'huile végétale
12 feuilles de curry (kaloupilé) (facultatif)
75 g de racine de gingembre fraîche, pelée et râpée
4 gousses d'ail écrasées
1 piment rouge, épépiné et finement tranché
6 gousses de cardamome verte écrasées
1 c. à c. de cumin moulu
1 bâton de cannelle
Zeste finement râpé et jus d'une orange
400 g de tomates concassées
400 ml lait de coco
1 litre de bouillon de légumes
8 betteraves crues, si possible avec les feuilles, pelées et coupées en gros morceaux
1 c. à s. de sucre de palme ou de vergeoise blonde
Jus de 4 citrons verts ou de 2 citrons jaunes
Petit bouquet de coriandre fraîche hachée
Sel et poivre noir du moulin

EN ACCOMPAGNEMENT

Poignée de noix de cajou, de cacahuètes ou de noix de pécan, grillées et écrasées

Pour préparer la marinade du tofu, mettez la coriandre, le cumin, les clous de girofle, le paprika, le curcuma et le garam masala dans une petite casserole, faites-les griller à sec pendant 1 minute, puis versez-les dans un grand saladier.

Versez le jus de citron dans un blender, et ajoutez le zeste, l'oignon, le gingembre, l'ail, les piments, le lait de coco et le sel. Mixez jusqu'à obtenir un mélange lisse et versez dans un saladier. >>>

>>> Ajoutez les morceaux de tofu dans la marinade et remuez afin de bien les enduire. Couvrez et laissez mariner au réfrigérateur quelques heures, ou toute une nuit.

Pendant ce temps, préparez le curry. Faites chauffer l'huile dans une casserole, ajoutez les feuilles de curry, si vous en avez, puis l'ail, le gingembre, le piment, la cardamome, le cumin, la cannelle et le zeste d'orange. Faites-les revenir pendant 3 minutes sans cesser de remuer, puis ajoutez le jus d'orange, les tomates, le lait de coco et le bouillon. Assaisonnez, portez à ébullition, ajoutez les morceaux de betterave et le sucre, puis portez de nouveau à ébullition. Réduisez le feu et laissez mijoter 25 à 30 minutes, ou jusqu'à ce que la betterave soit tendre lorsque vous la piquez avec la pointe d'un couteau.

Entre-temps, lavez les feuilles de betterave, si vous en avez. Retirez et jetez les grosses tiges, et hachez grossièrement les feuilles. Lorsque la betterave est cuite, ajoutez les feuilles dans la casserole et faites-les cuire jusqu'à ce qu'elles soient tendres.

Préchauffez votre four à 220 °C.

Sortez les morceaux de tofu de la marinade et mettez-les sur une plaque. Faites rôtir le tofu 20 à 25 minutes en l'arrosant de temps en temps avec le reste de marinade, jusqu'à ce qu'il soit légèrement grillé et bien chaud.

Goûtez le curry, puis ajoutez la moitié du jus de citron vert ou de citron. Goûtez, ajoutez plus de jus et de sucre si vous le souhaitez, puis incorporez la coriandre hachée. Servez le curry surmonté du tofu tikka masala et des noix écrasées.

Vive les protéines vegan : haricots, lentilles, pois chiches, noix et graines, tofu.

Tofu au sel et au poivre / Salade de clémentines et d'endives

POUR 4 PERSONNES

TOFU AU SEL ET AU POIVRE

1 bloc de tofu ferme, bien égoutté et séché sur du papier essuie-tout
Zeste d'une clémentine, finement râpé
Jus de 2 clémentines
Morceau de racine de gingembre fraîche de 3 cm, finement râpé
1 à 2 gousses d'ail, très finement hachées
2 c. à s. de mirin
1 c. à s. de sauce soja claire
1 c. à s. d'huile de sésame
Sel de mer et poivre noir du moulin
500 ml d'huile végétale ou d'arachide, pour la friture

SALADE

1 bulbe de fenouil très finement tranché
50 g d'olives noires dénoyautées
Graines d'un quart de grenade
2 clémentines pelées et tranchées
1 endive effeuillée
½ radicchio, effeuillé
4 radis, finement tranchés

PÂTE À FRIRE

100 g de farine autolevante + pour fariner
100 g de maïzena (amidon de maïs)
1 c. à c. de poivre blanc du moulin
2 c. à c. de sel de mer
200 ml d'eau pétillante froide

Commencez par faire mariner le tofu. Coupez-le en cubes de 3 cm de côté et mettez-le dans un saladier. Ajoutez le zeste et le jus des clémentines, le gingembre, l'ail, un peu de sel et une bonne quantité de poivre blanc du moulin. >>>

>>> Versez le mirin, la sauce soja et l'huile de sésame et mélangez bien le tout. Couvrez et laissez mariner au réfrigérateur pendant une heure ou de préférence toute une nuit, en mélangeant une fois.

Ensuite, égouttez bien le tofu, et réservez la marinade.

Mettez tous les ingrédients de la salade dans un grand saladier, arrosez-les avec la marinade réservée et mélangez bien le tout.

Mettez un peu de farine dans une assiette. Passez les cubes de tofu dans la farine.

Pour préparer la pâte à frire, mélangez les farines, le poivre et le sel dans un grand saladier, puis ajoutez l'eau gazeuse en fouettant.

Vous pouvez faire frire les cubes de tofu, ou les faire revenir. Pour les faire frire, faites chauffer l'huile dans une casserole profonde ou un wok. Pour vérifier si elle est suffisamment chaude, mettez un peu de pâte dans l'huile — elle doit dorer en 40 secondes. (Vous pouvez également les faire revenir, si vous préférez : faites chauffer 150 ml d'huile dans une sauteuse, et suivez la méthode ci-dessus.)

Plongez chaque cube de tofu dans la pâte et faites-les frire en plusieurs fois dans l'huile chaude jusqu'à ce qu'ils soient dorés. Sortez les cubes de l'huile à l'aide d'une écumoire.

Égouttez-les sur une assiette recouverte de papier essuie-tout, et servez le tofu chaud sur un lit de salade.

Garnitures savoureuses à tester

Huiles aux herbes

Blanchissez les feuilles d'herbes fraîches (comme le basilic ou la coriandre) quelques secondes dans l'eau bouillante. Mettez-les ensuite dans un blender (ou utilisez un mixeur plongeant). Ajoutez l'huile de votre choix et mixez jusqu'à obtenir une consistance lisse. Vous pouvez la passer au chinois si vous le souhaitez. Transvasez-la dans un bol ou une bouteille et conservez-la au réfrigérateur. Vous pouvez utiliser ces huiles dans les soupes, les salades et les ragoûts, afin de sublimer vos plats.

Chapelure frite

Mollica est le nom sicilien de la chapelure frite — utilisée pour agrémenter les pâtes, les salades, les ragoûts et même les pizzas. Elle apporte du croustillant et de la texture, ce qui est idéal pour les plats vegan. Vous pouvez en préparer à l'avance en mixant du pain rassis dans un robot, puis en le mettant dans un sac au congélateur. Lorsque vous en avez besoin, faites chauffer un peu d'huile d'olive dans une poêle à feu vif, versez-y les miettes de pain congelées, et faites-les revenir jusqu'à ce qu'elles soient croustillantes.

Pâte à pizza / Garniture à la pomme de terre et à la sauge

POUR 2 PIZZAS DE 23-25 CM DE DIAMÈTRE

PÂTE À PIZZA

250 g de farine à pain blanche + pour fariner
125 g de farine de seigle ou de semoule de blé
1 sachet de 7 g de levure chimique
2 c. à s. d'huile d'olive + pour graisser
1 c. à c. de sel de mer
Pincée de sucre

GARNITURE

500 g de pommes de terre, épluchées et coupées en rondelles très fines
2 c. à s. d'huile d'olive extra-vierge + pour arroser
4 gousses d'ail, écrasées
Feuilles de 2 brins de sauge fraîche
1,5 c. à c. de sel de mer

Mélangez les farines dans un grand saladier et formez un puits au centre. Mettez la levure, l'huile d'olive, le sel de mer et le sucre dans le puits. Mesurez 250 ml d'eau chaude et versez-en une grande partie sur la farine. Mélangez à la fourchette, puis pétrissez à la main, en rajoutant de l'eau si nécessaire, jusqu'à obtenir une pâte souple.

Mettez la pâte sur une surface légèrement farinée et pétrissez-la 10 minutes jusqu'à ce qu'elle soit homogène et élastique. Mettez-la dans un saladier huilé, et laissez-la lever à température ambiante pendant 1 h environ, ou jusqu'à ce qu'elle ait doublé de volume.

Préchauffez votre four à 220 °C et enfournez deux grandes plaques pour les faire chauffer.

Mettez les pommes de terre, l'huile d'olive, l'ail, la sauge et les flocons de sel dans un grand bol et mélangez.

Mettez la pâte à pizza sur une surface farinée, coupez-la en 2, et formez un grand cercle d'environ 23 à 25 cm.

Sortez les plaques du four et glissez délicatement un cercle de pâte sur chacune. Étalez rapidement le mélange de pommes de terre sur les pâtes à pizza. Arrosez d'un filet d'huile d'olive et enfournez 15 à 20 minutes ou jusqu'à ce que les pommes de terre soient tendres et que la pizza soit légèrement dorée et croustillante.

/ Vous pouvez préparer les pâtes à pizza comme indiqué ici et les garnir de sauce Caponata (p. 108). Ne les surchargez pas trop pour ne pas les détremper.

Pannelle / Bâtonnets de pois chiches

POUR 40 BÂTONNETS, OU 4 À 6 PERSONNES

2 boîtes de conserve vides de 400 g
Huile végétale pour la friture et pour graisser les boîtes
300 g de farine de pois chiche (gram)
2 c. à s. de feuilles de romarin frais, hachées (facultatif)
Sel et poivre noir du moulin
Quartiers de citron, pour accompagner
Petits pains, pour accompagner

/ Pour préparer les bâtonnets, préparez le mélange comme indiqué ci-dessus mais au lieu d'utiliser des boîtes de conserve, versez le mélange chaud dans une plaque de four et attendez qu'il se fige. Coupez-le ensuite en bâtonnets de la même taille que des frites.

Graissez soigneusement l'intérieur des boîtes de conserve avec de l'huile végétale (attention à ne pas vous couper).

Tamisez la farine de pois chiche dans une casserole. Incorporez lentement 750 ml d'eau, tout en fouettant pour éviter les grumeaux. Ajoutez le romarin, salez et poivrez. Portez le mélange à ébullition, sans cesser de fouetter. Remuez jusqu'à ce que le mélange devienne très épais. Ne vous inquiétez pas si vous observez quelques grumeaux, ils disparaîtront à la cuisson.

Transférez ce mélange dans les 2 boîtes de conserve. Tapez-les fermement contre la table pour éliminer les bulles d'air, puis laissez la pâte refroidir 1 à 2 h à température ambiante. Si vous ne la faites pas cuire tout de suite, une fois refroidie, couvrez-la et mettez-la au réfrigérateur.

La pâte des panelle doit sortir facilement des boîtes. Sinon (et pour faciliter la découpe), ouvrez l'autre côté des boîtes. Couchez la boîte sur le côté et poussez doucement la pâte, puis coupez-la en rondelles.

Faites chauffer l'huile dans un wok. L'huile est prête lorsqu'un morceau de pâte plongé dedans grésille instantanément. Faites frire les beignets jusqu'à ce qu'ils soient bien dorés. Égouttez-les sur une assiette recouverte d'essuie-tout, saupoudrez-les de sel.

Pour la cuisson au four, passez les beignets ou les bâtonnets dans un peu d'huile et disposez-les sur des plaques sans les superposer. Faites-les cuire à 200 °C 10 à 15 minutes (beignets ronds), et 15 à 25 minutes (bâtonnets), en les retournant une ou deux fois.

Servez chaud avec le citron et les petits pains.

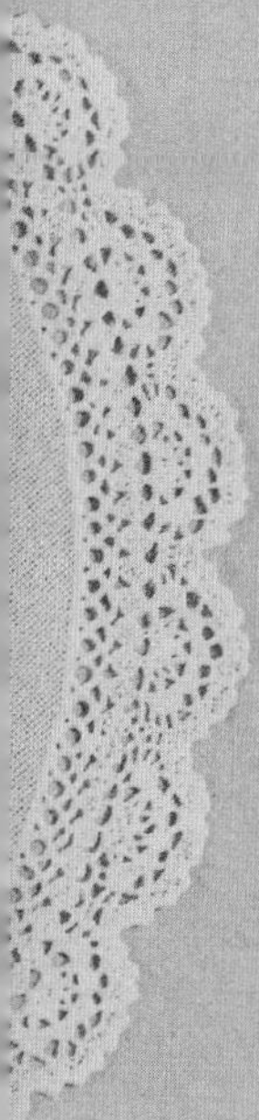

Tout le monde n'est pas en mesure de comprendre des choix alimentaires de plus en plus complexes — et puisque vous ne voulez pas démoraliser votre grand-mère en refusant de déguster son délicieux hachis Parmentier (que vous adoriez pourtant il n'y a pas si longtemps !), veillez à bien anticiper et à communiquer clairement. Appelez-la à l'avance et parlez-lui de votre nouveau style de vie fabuleux. Puis encouragez-la à y prendre part. Vous pouvez lui proposer d'arriver plus tôt et de cuisiner avec elle, afin de préparer une variante vegan ensemble. Vous pouvez aussi lui proposer d'apporter un plat vegan, afin qu'elle y goûte. Elle ne se convertira peut-être pas, mais au moins il n'y aura pas de drame.

Ratatouille au four

POUR 6 PERSONNES EN PLAT PRINCIPAL OU 8 PERSONNES EN ACCOMPAGNEMENT

1 kg de tomates mûres, grossièrement hachées après en avoir retiré le cœur
2 oignons hachés en gros morceaux
Quelques brins de thym frais
8 gousses d'ail entières pelées
Pincée de flocons de piment
150 ml d'huile d'olive
3 courgettes coupées en morceaux de 3 cm d'épaisseur
2 aubergines coupées en morceaux de 3 cm d'épaisseur
6 poivrons rouges ou mélange de poivrons rouges et jaunes, épépinés et coupés en lanières de 2,5 cm
400 g de pois chiches en conserve, égouttés et rincés
Sel et poivre noir du moulin

Préchauffez votre four à 190 °C.

Mettez les tomates, les oignons, le thym, les gousses ail et les flocons de piment, si vous en avez, dans un grand plat à rôtir. Arrosez-les de quelques bons traits d'huile d'olive. Salez et poivrez, mélangez bien, enfournez le plat dans le haut du four et faites rôtir 45 minutes. Vérifiez les légumes de temps en temps et mélangez pour éviter qu'ils ne brûlent.

Sortez le plat à rôtir du four et ajoutez les courgettes. Enfournez de nouveau et poursuivez la cuisson.

Environ 20 minutes plus tard, disposez les aubergines et les lanières de poivron dans un autre plat à rôtir et mélangez-les soigneusement avec du sel, du poivre et une bonne quantité d'huile d'olive.

Enfournez les aubergines et les poivrons sous le plat de tomates, d'oignons et de courgettes et faites-les cuire, en les retournant de temps en temps, jusqu'à ce qu'ils soient quasiment tendres (environ 30 minutes). Transférez-les ensuite dans le plat à rôtir contenant les tomates et mélangez. Ajoutez les pois chiches et mélangez de nouveau.

Poursuivez la cuisson de la ratatouille 20 à 30 minutes, jusqu'à ce qu'elle ait belle allure et soit bien fondante. Vérifiez l'assaisonnement et servez.

Falafels / Concombres au vinaigre / Sauce noisette

POUR 8 FALAFELS

FALAFELS

250 g de pois chiches secs
½ oignon rouge émincé
2 gousses d'ail écrasées
2 c. à s. de persil plat frais finement haché
2 c. à s. de coriandre fraîche finement hachée
½ c. à c. de poivre de Cayenne
1 c. à c. de cumin moulu
1 c. à c. de coriandre moulue
¼ de c. à c. de cannelle moulue
¼ de c. à c. de cardamome moulue
¼ de c. à c. de noix de muscade moulue
½ c. à c. de levure chimique
1,5 c. à c. de farine blanche ordinaire ou farine de pois chiche (gram)
4 c. à s. de graines de sésame
200 ml d'huile d'olive
Sel et poivre noir du moulin

CONCOMBRES AU VINAIGRE

350 g de concombres ou 1 gros concombre
2 c. à c. de sel de mer
½ c. à c. de piment séché en flocons (facultatif)
300 ml de vinaigre de riz
½ c. à c. de graines de fenouil
2 c. à s. de sucre blond en poudre
2 gousses d'ail écrasées
1 c. à s. de graines de sésame noir ou blanc

SAUCE NOISETTE

75 g de tahini (pâte de sésame)
50 g de beurre de noisette ou d'un autre beurre d'oléagineux
1 à 2 c. à s. de jus de citron
1 gousse d'ail, écrasée
4 c. à s. de graines de sésame
Sel

Mettez les pois chiches dans un grand saladier, couvrez-les d'eau et laissez-les tremper toute une nuit.

Le lendemain, préparez les concombres au vinaigre. Coupez des petits concombres en tranches de 1 cm d'épaisseur ou un gros concombre en bâtonnets de 4 x 1 cm, et mettez-les dans un saladier résistant à la chaleur ou un bocal stérilisé.

Mettez les ingrédients de la marinade dans une petite casserole. Portez à ébullition et faites bouillir 1 minute, puis retirez la casserole du feu. Versez cette marinade sur les morceaux de concombre, couvrez et laissez refroidir. >>>

>>> Pour préparer la sauce à la noisette, fouettez tous les ingrédients avec une pincée de sel dans un bol. Ajoutez suffisamment d'eau pour obtenir une consistance un peu liquide. Réservez.

Préparez les falafels. Après trempage, égouttez et rincez les pois chiches et mettez-les dans le bol d'un robot avec l'oignon, l'ail, le persil et la coriandre. Mixez-les en plusieurs fois, jusqu'à ce qu'ils soient réduits en fine purée.

Mettez les pois chiches mixés dans un saladier, ajoutez les épices, la levure, la farine, une pincée de sel et 3 cuillères à soupe d'eau, et mélangez jusqu'à obtenir un mélange homogène. Couvrez et mettez au réfrigérateur 1 heure.

Sortez le mélange à falafels du réfrigérateur et après avoir humidifié vos mains, formez 8 galettes. Mettez les graines de sésame dans une assiette, et passez-y les galettes en les pressant bien pour bien incruster les graines.

Faites chauffer la moitié de l'huile dans une grande poêle et faites frire les falafels en plusieurs fois, en les retournant de temps en temps, jusqu'à ce qu'ils soient bien dorés de tous les côtés. Rajoutez de l'huile si nécessaire.

Servez les falafels chauds avec les concombres au vinaigre et la sauce noisette à part.

Les pois chiches sont une véritable aubaine pour les vegans. Ils sont nourrissants (ils offrent une excellente source de manganèse, de fer et de protéines — tous essentiels, bien évidemment), bon marché, faciles à trouver, et peuvent s'utiliser de mille et une façons.

Vous pouvez mettre les pois chiches entiers dans des ragoûts, les mixer pour préparer du houmous, les incorporer dans des falafels, les faire cuire au four (saupoudrés de paprika) pour confectionner des amuse-gueules croustillants, et les utiliser comme substituts à la viande dans les plats au four et les currys. Ce superaliment donnera de la vitalité, du corps et de la texture à toutes vos préparations.

Outre les pois chiches eux-mêmes, vous pouvez utiliser le liquide de la boîte (ou l'eau de cuisson si vous utilisez des pois chiches secs) pour remplacer les blancs d'œufs — voir les propriétés magiques de l'aquafaba à la page suivante.

Et n'oublions pas non plus la farine de pois chiche, jaune pâle, poudreuse, sans gluten. Parfois commercialisée sous ses noms indiens de « besan » ou « gram », elle se compose effectivement de pois chiches moulus. Elle possède une saveur riche et légèrement terreuse, et peut être utilisée pour épaissir les sauces et les soupes, ou comme liant dans la pâtisserie et la préparation de pains plats. Elle est également idéale dans les pâtes à pancakes, et pour enrober les beignets et les légumes avant de les faire frire.

Utilisez l'aquafaba, dont la recette figure ci-dessous, comme substitut dans toutes les recettes nécessitant des blancs d'œufs. Maîtrisez l'art de l'aquafaba et vous pourrez bientôt vous délecter de meringues et vous régaler de pavlovas, de macarons et des délicieuses petites préparations meringuées ci-contre (voir recette à la p. 143).

Aquafaba

Liquide d'une boîte de 400 g de pois chiches
½ c. à c. de crème de tartre ou de jus de citron (facultatif)

Versez l'eau égouttée de la boîte de chiche dans un grand saladier et fouettez-la à l'aide d'un batteur à main électrique ou d'un batteur sur socle.

Le temps de fouettage dépend de l'utilisation que vous allez faire de l'aquafaba. Pour l'utiliser comme liant ou épaississant, fouettez-le environ 5 minutes jusqu'à ce qu'il ait pris un peu de volume et ait un aspect blanc et mousseux. Plus vous le fouetterez, plus il sera ferme. Au bout de 10 minutes environ, vous obtiendrez des pics semi-fermes, ce qui est idéal pour la pâtisserie.

Vous pouvez ajouter de la crème de tartre ou du jus de citron pour fixer et raffermir le mélange.

Équivalences

1 boîte de liquide de pois chiche donne environ 10 cuillères à soupe d'aquafaba

1 œuf = 3 cuillères à soupe d'aquafaba

1 blanc d'œuf = 2 cuillères à soupe d'aquafaba

Sucettes glacées au Pisco Sour

POUR ENVIRON 8 SUCETTES

125 g de sucre en poudre (extra-fin)
100 ml de Pisco
100 ml d'aquafaba (le liquide égoutté d'une boîte de pois chiches)
100 ml de jus de citron frais
75 ml de jus de citron vert frais
12 gouttes d'angostura

Mettez le sucre et 125 ml d'eau dans une petite casserole à feu doux et mélangez jusqu'à ce que le sucre soit dissous. Retirez du feu, versez dans un grand saladier et laissez refroidir.

Une fois le mélange refroidi, versez le Pisco, l'aquafaba, le jus de citron, le jus de citron vert et l'angostura dans le sirop de sucre, mélangez et mettez au réfrigérateur pendant 1 heure.

Une fois le mélange refroidi, mixez-le dans un blender pendant environ 1 minute, puis remplissez à moitié 8 moules à sucettes. Placez le reste du mélange au réfrigérateur. Mettez les moules au congélateur pendant environ une demi-heure, ou jusqu'à ce que leur contenu soit à moitié congelé. Enfoncez un bâtonnet verticalement au centre de chaque moule et remettez-les au congélateur environ 30 minutes, ou jusqu'à ce que le mélange soit complètement congelé.

Une fois le contenu des moules congelé, mixez le reste du mélange dans le blender et complétez les moules. Mettez-les au congélateur au moins 4 heures ou toute une nuit, jusqu'à ce que les sucettes soient complètement solidifiées.

Gâteau au halva / Praline à la cacahuète et aux pois chiches

POUR UN GÂTEAU DE 23 CM DE DIAMÈTRE

2 boîtes de 400 g de pois chiches
200 g d'huile de coco
100 g de cacahuètes crues non salées, mondées
200 g de sucre blond en poudre
250 g de farine d'épeautre, blanche ou complète
Pincée de sel
2 c. à c. de levure chimique
2 c. à c. d'extrait ou de pâte de vanille
100 g de poudre d'amandes ou de cacahuète
200 g de graines de chanvre décortiquées
100 g de halva vegan, émietté
Yaourt vegan, pour accompagner (facultatif)

Égouttez les pois chiches, réservez le liquide.

Tapissez une plaque de four de 23 x 30 cm de papier sulfurisé. Graissez un moule à gâteau de 23 cm de diamètre avec un peu d'huile de coco et tapissez-le de papier sulfurisé.

Pour préparer la praline, mettez les cacahuètes et 100 g de sucre dans une petite casserole à fond épais. Faites chauffer à feu doux jusqu'à ce que le sucre fonde, en remuant souvent la casserole (plutôt que de mélanger, ce qui peut entraîner la cristallisation du sucre). Poursuivez la cuisson, en remuant occasionnellement, jusqu'à ce que le sucre prenne une belle couleur brun doré ou atteigne la température de 165 °C sur un thermomètre à sucre.

Ajoutez un tiers des pois chiches égouttés tout en remuant la casserole. Retirez immédiatement du feu et versez ce caramel sur la plaque. Étalez-le en une seule couche et laissez-le refroidir. Lorsque la praline s'est solidifiée (au bout de 30 minutes environ), cassez-la en petits morceaux.

Préchauffez votre four à 180 °C. >>>

/ La praline de cette recette peut être utilisée de mille et une façons. Vous pouvez la casser en morceaux et la servir comme petit four, la moudre très finement pour en saupoudrer les desserts, ou la mixer dans un smoothie.

>>> Pour préparer le gâteau, tamisez la farine d'épeautre, le sel et la levure chimique dans un grand bol mélangeur, en ajoutant les éventuels débris restés dans le tamis.

Mixez le reste des pois chiches égouttés dans un robot jusqu'à obtenir une purée très lisse, puis transférez-les dans un grand saladier à part à l'aide d'une spatule.

Mettez le reste de l'huile de coco et la vanille dans une petite casserole à feu doux-moyen, et faites chauffer jusqu'à ce que l'huile ait complètement fondu.

Fouettez l'huile fondue et la vanille avec la purée de pois chiches jusqu'à obtenir un mélange homogène, puis incorporez la poudre d'amandes, le mélange de farine tamisé et les graines de chanvre décortiquées.

Versez le liquide des pois chiches dans un grand saladier et fouettez-le 10 minutes environ à l'aide d'un batteur à main électrique ou d'un batteur sur socle, jusqu'à ce qu'il ait plus que doublé de volume et soit blanc et mousseux. Ajoutez progressivement le reste du sucre et continuez à fouetter jusqu'à obtenir un mélange lisse et brillant.

Incorporez un tiers de cette meringue à la pâte à gâteau, puis incorporez délicatement le reste, avec les morceaux de praline. Versez ce mélange dans le moule à gâteau préparé, et parsemez-le de halva émietté.

Enfournez 1 h 20 à 1 h 30, ou jusqu'à ce qu'une broche piquée au centre du gâteau ressorte propre. Laissez-le refroidir quelques minutes avant de le démouler sur une assiette de service. Servez-le chaud de préférence.

Il est essentiel d'avoir de quoi grignoter. Des petites douceurs que vous pouvez emporter partout avec vous, conserver dans une boîte au travail, cacher chez votre maman, ou prendre en dépannage lorsque vous sortez : indispensable pour parer aux situations où tout le monde a de quoi manger, sauf vous...

Voir pages 4-5 et 12-13 pour les barres et les « energy balls ».

Macarons aux noix et aux pommes de terre

POUR UNE TRENTAINE DE MACARONS

MACARONS

200 g de cerneaux de noix
75 g de purée de pommes de terre*
Zeste finement râpé d'un citron
200 g de sucre blond en poudre
Pincée de sel

ENROBAGE

150 g de cerneaux de noix ou mélange de 50 g de noix et de 100 g de graines de sésame
3 c. à s. de maïzena (amidon de maïs)

*Si vous n'avez pas de reste de purée, faites cuire au four une pomme de terre avec sa peau pendant 45 min à 1 h, jusqu'à ce qu'elle soit tendre (une pomme de terre de 100 à 150 g devrait vous donner la bonne quantité de purée). Laissez-la refroidir, puis épluchez-la et écrasez-la soigneusement à la fourchette.

Préchauffez votre four à 180 °C. Tapissez deux plaques de four de papier sulfurisé.

Mixez les noix dans un robot jusqu'à les réduire en fine poudre, ou mettez-les dans un sachet en plastique et écrasez-les à l'aide d'un rouleau à pâtisserie.

Versez les noix écrasées dans un saladier et mélangez-les avec la purée de pomme de terre et le zeste de citron. Incorporez progressivement le sucre et le sel. À l'aide d'une petite cuillère, déposez la pâte sur une assiette de manière à former 30 macarons de taille égale. Formez-les en boules.

Écrasez ou hachez finement les noix réservées pour l'enrobage, et mettez-les sur une grande assiette avec les graines de sésame, si vous en avez.

Mettez la maïzena dans une autre assiette et versez un peu d'eau froide dans un bol. Roulez chaque boule dans la maïzena, puis dans l'eau, et enfin dans les noix et les graines de sésame.

Disposez les boules ainsi enrobées sur les plaques en les espaçant un peu. Aplatissez légèrement le sommet de chaque boule avec votre doigt. Enfournez 15 à 20 minutes, ou jusqu'à ce que les noix soient bien dorées. Intervertissez les plaques en cours de cuisson afin d'obtenir une coloration uniforme.

Servez les macarons tièdes, ou laissez-les refroidir et conservez-les pour plus tard.

/ De la pomme de terre dans un macaron ? Mais oui ! Voilà de charmants petits macarons sucrés sans gluten. La pomme de terre leur donne une texture bien croustillante, mais tout de même moelleuse. Parfait pour écouler un reste de purée !

Brownies aux haricots noirs et au tahini

POUR 16 BROWNIES

400 g de haricots noirs en conserve
100 g de haricots noirs chinois fermentés en conserve (poids net). Vous pouvez également les remplacer par des haricots noirs.
150 g de tahini (pâte de sésame) noir ou blanc
200 g d'huile de coco
300 g de chocolat noir de bonne qualité, 70 % de cacao, cassé en morceaux
200 g de sucre muscovado
2 c. à c. d'extrait ou de pâte de vanille
200 g de farine de seigle
250 g de sucre blond en poudre

/ La pâte de sésame noir se trouve généralement dans les magasins diététiques, mais vous pouvez la remplacer par du tahini blanc si vous n'en trouvez pas.

Égouttez les haricots noirs, en réservant l'eau. Égouttez les haricots noirs fermentés, puis rincez-les. Mixez les haricots noirs avec les haricots noirs fermentés et le tahini dans un blender ou un robot jusqu'à obtenir une consistance très lisse.

Préchauffez votre four à 180 °C. Graissez le moule avec un peu d'huile de coco, puis tapissez-le de papier sulfurisé.

Mettez le reste de l'huile de coco dans une grande casserole avec 250 g de chocolat, le sucre muscovado et l'extrait de vanille. Faites chauffer à feu moyen-doux, et mélangez de temps en temps jusqu'à ce que le mélange soit bien fondu. Incorporez la purée de haricot puis la farine de seigle en battant bien. Réservez.

Versez le liquide réservé de la boîte de haricots noirs dans un grand saladier et fouettez-le 10 à 15 minutes environ à l'aide d'un batteur à main électrique ou d'un batteur sur socle, jusqu'à ce qu'il ait plus que doublé de volume et qu'il soit gris pâle et mousseux. Sans cesser de fouetter, ajoutez le sucre en poudre jusqu'à ce que le mélange soit lisse et brillant.

Battez un tiers de cette meringue avec le mélange chocolaté, puis incorporez délicatement le reste. Versez ce mélange dans le moule et parsemez le reste de chocolat haché.

Enfournez-le une quarantaine de minutes, ou jusqu'à ce que la surface du brownie commence à se craqueler et qu'il soit à peine cuit, avec un cœur encore très fondant. Sortez-le du four et laissez-le refroidir dans le moule avant de le découper en carrés. Servez-le chaud ou froid.

La préparation des haricots et des pois chiches secs peut paraître fastidieuse, mais ils apportent beaucoup plus de texture et de goût que leurs équivalents en conserve. Les haricots secs doublent de volume une fois trempés, cuits et égouttés. Cela varie d'un haricot à l'autre, mais c'est globalement ça.

Soyez l'ambassadeur du mode de vie vegan

En faisant passer un message positif sur les bienfaits du véganisme, vous aurez beaucoup plus d'impact qu'en exprimant de la frustration, de la colère ou en étant constamment sur la défensive. Trouvez la patience de répondre à ceux qui posent des questions (parfois agaçantes), vous contribuerez à les éduquer et à les éclairer. De même, nourrissez votre curiosité et cherchez vous-même les réponses aux questions que vous vous posez — vous serez ainsi mieux armé pour poursuivre votre voyage à la découverte du véganisme.

Crackers aux algues et aux graines

POUR 4 PLAQUES DE CRACKERS

15 g d'algues séchées (laitue de mer, fucus, hijiki, arame ou wakame) hachées
100 g de farine d'épeautre complète
150 g de farine d'épeautre raffinée
1 c. à c. de sel fin
25 g d'huile de coco + pour graisser la plaque
50 g de graines de lin moulues
1 c. à s. de graines de sésame noir ou blanc
¼ de c. à c. de piment en poudre ou en flocons
1 c. à c. de sucre
150 ml de lait d'amande ou d'autre fruit sec oléagineux
Flocons de sel de mer
Sauce aux fèves (p. 86), pour accompagner

Préchauffez votre four à 200 °C. Graissez légèrement 4 plaques de four de 20 x 30 cm avec un peu d'huile de coco.

Mettez les algues séchées dans un saladier et recouvrez-les d'eau bouillante. Laissez-les reposer 30 minutes, puis égouttez-les et hachez-les très finement.

Tamisez les farines et le sel dans un grand saladier. Ajoutez l'huile de coco et incorporez-la à la farine du bout des doigts jusqu'à obtenir une consistance sableuse.

Incorporez les graines de lin moulues, les graines de sésame, le piment, le sucre et les algues hachées. Ajoutez le lait peu à peu et mélangez jusqu'à obtenir une pâte souple mais ferme.

Divisez la pâte en quatre et abaissez chaque morceau en un rectangle d'environ 20 x 30 cm. Taillez les bords et disposez chaque rectangle de pâte sur une plaque de cuisson.

À l'aide d'un couteau, dessinez à la surface de chaque rectangle des carrés de 5 cm de côté. Parsemez de flocons de sel et enfournez 8 à 10 minutes jusqu'à ce que la pâte soit légèrement dorée.

Sortez les plaques du four et retournez soigneusement chaque morceau de pâte. Poursuivez la cuisson 5 à 6 minutes.

Sortez-les du four et laissez-les refroidir sur une grille. Cassez les crackers.

Trempez-les dans la sauce avant de les déguster (voir recette à la page suivante) !

Sauce aux fèves / Oignons frits épicés

POUR 8 PERSONNES

SAUCE AUX FÈVES

225 g de fèves sèches cassées
4 c. à s. d'huile d'olive
+ pour arroser
1 oignon finement haché
1 carotte finement hachée
1 bâton de céleri coupé en petits morceaux
2 gousses d'ail écrasées
Sel de mer et poivre du moulin

OIGNONS FRITS ÉPICÉS

3 c. à s. d'huile d'olive
3 oignons coupés en fines rondelles
½ c. à c. de cannelle moulue
¼ de c. à c. de piment de Jamaïque
Pincée de flocons de piment

/ Pour simplifier, utilisez des fèves en conserve et ajoutez-les aux légumes cuits avant de mixer le tout. Vous pouvez utiliser cette sauce dans un sandwich pour une dose supplémentaire de protéines.

Faites tremper les fèves toute une nuit après les avoir recouvertes d'eau.

Le jour suivant, égouttez-les, rincez-les et mettez-les dans une grande casserole. Couvrez-les entièrement d'eau et portez à ébullition. Ôtez l'écume qui se forme éventuellement à la surface, baissez le feu et laissez mijoter environ 30 min, jusqu'à ce que les fèves soient tendres. Égouttez-les, mais réservez l'eau de cuisson.

Pendant que les fèves cuisent, préparez les oignons épicés. Faites chauffer l'huile d'olive dans une grande casserole, ajoutez les rondelles d'oignons et faites-les cuire à feu moyen 15 min environ, en remuant de temps en temps, jusqu'à ce que les oignons soient très tendres et caramélisés. Ajoutez les épices, assaisonnez et laissez cuire encore 2 min. Disposez les oignons sur une assiette et réservez.

Une fois les haricots cuits, faites chauffer 3 cuillères à soupe d'huile d'olive dans une casserole à feu moyen-doux. Ajoutez l'oignon haché, la carotte, le céleri et l'ail, et faites-les cuire 5 à 8 min jusqu'à ce qu'ils soient tendres.

Mettez les haricots cuits et les légumes dans le bol d'un robot (vous aurez peut-être besoin de procéder en plusieurs fois). Mixez avec une louche de l'eau de cuisson des fèves préalablement réservée jusqu'à obtenir une consistance lisse, en rajoutant du liquide si nécessaire afin d'obtenir une purée lisse mais épaisse.

Transférez la préparation dans un saladier et assaisonnez selon votre goût. Servez chaud ou à température ambiante, parsemé d'oignons frits et arrosé d'un filet d'huile d'olive.

Noix de cajou aux piments

POUR 6 PERSONNES

300 g de noix de cajou
2 c. à c. de piments Chipotle sauce Adobo, hachés
1 c. à c. de graines de fenouil
Pincée de cannelle moulue
3 c. à s. de raisins secs
1 c. à s. de cassonade brune
1 c. à s. de vinaigre de cidre de pomme
1 c. à s. de graines de sésame
Poivre noir du moulin
Sel de mer

Préchauffez votre four à 150 °C. Tapissez une plaque du four de papier sulfurisé.

Mélangez tous les ingrédients, à l'exception du sel. Répartissez ce mélange sur la plaque de façon uniforme.

Enfournez la plaque et faites griller 10 minutes. Sortez la plaque du four, remuez les noix en secouant la plaque et puis remettez-la au four 5 à 10 minutes, ou jusqu'à ce que les noix soient dorées.

Sortez les noix du four, parsemez-les de flocons de sel de mer, secouez-les encore une fois et laissez refroidir.

Servez-les immédiatement ou conservez-les dans un récipient hermétiquement fermé pendant une semaine environ.

Pois chiches grillés au fenouil

POUR 6 PERSONNES

400 g de pois chiches en conserve, égouttés et rincés
2 c. à s. d'huile d'olive
Zeste et jus d'un demi-citron
2 gousses d'ail écrasées
1 c. à c. de cumin moulu
1 c. à c. de coriandre moulue
1 c. à c. de graines de fenouil écrasées
1 c. à c. de paprika fumé
1 c. à c. de sel de mer

Préchauffez votre four à 200 °C.

Mélangez tous les ingrédients dans un saladier puis répartissez-les uniformément sur une plaque de four.

Faites-les griller au four 30 à 35 minutes, en mélangeant une fois ou deux en cours de cuisson, jusqu'à ce que les pois chiches soient dorés et croustillants.

Servez les pois chiches immédiatement ou conservez-les dans un récipient hermétiquement fermé pendant une semaine environ.

Cacahuètes salées au curcuma

POUR 6 PERSONNES

300 g de cacahuètes crues, non salées
3 c. à s. de raisins secs
1 gousse d'ail écrasée
Morceau de 3 cm de racine de gingembre fraîche, finement râpé
1 c. à s. de noix de coco séchée râpée
½ c. à c. de curcuma moulu

Préchauffez votre four à 150 °C. Tapissez une plaque de four de papier sulfurisé.

Mélangez tous les ingrédients dans un saladier puis répartissez-les uniformément sur une plaque de four.

Enfournez la plaque et faites griller pendant 10 minutes. Remuez les cacahuètes et remettez-les au four 5 minutes de plus, ou jusqu'à ce qu'elles soient dorées.

Sortez-les du four, parsemez-les de flocons de sel, remuez encore une fois et laissez refroidir.

Servez les cacahuètes immédiatement ou conservez-les dans un récipient hermétiquement fermé pendant environ une semaine.

Rouleaux de printemps / Radis et gingembre au vinaigre

POUR 20 PERSONNES

LÉGUMES MARINÉS

200 g de racine de gingembre fraîche
1,5 c. à c. de sel de mer
300 g de radis, parés et coupé en 2
2 gousses d'ail finement tranchées
200 ml de vinaigre de riz
2 grosses c. à s. de sucre en poudre (extra-fin)

ROULEAUX DE PRINTEMPS

½ portion de riz à sushi (p. 97)
25 g de laitue de mer ou d'une autre algue séchée comme le wakame, l'arame ou l'hijiki (facultatif)
20 feuilles de riz (20 cm de diamètre)
Pétales de souci ou d'autres fleurs comestibles (facultatif)
2 betteraves crues pelées et coupées en fins bâtonnets
2 grosses carottes pelées et coupées en fins bâtonnets
Sauce soja légère, pour accompagner

Pour préparer les légumes au vinaigre, pelez le gingembre, puis coupez-le en longs rubans à l'aide d'un économe. Portez une petite casserole d'eau à ébullition. Mettez les rubans de gingembre dans un petit saladier, saupoudrez-les d'une demi-cuillère à café de sel et laissez reposer 5 minutes, puis blanchissez-les dans l'eau bouillante pendant 3 minutes.

Égouttez-les bien puis essorez-les en les pressant dans votre poing. Mettez-les dans un bocal stérilisé avec les radis coupés en deux et l'ail émincé.

Mettez 300 ml d'eau, le vinaigre de riz, le sucre et le reste du sel dans une petite casserole à feu moyen, en mélangeant pour dissoudre le sucre. Augmentez le feu, portez à ébullition et laissez bouillir quelques minutes, puis versez le liquide dans le bocal sur les légumes. Laissez refroidir, puis mettez le bocal au réfrigérateur jusqu'au moment de servir.

Préparez le riz à sushi (p. 97), laissez le refroidir légèrement, puis couvrez-le et mettez-le au réfrigérateur jusqu'à ce qu'il ait complètement refroidi.

Pendant ce temps, si vous utilisez des algues séchées, mettez-les dans un bol, couvrez-les d'eau froide et laissez-les tremper 30 minutes, ou jusqu'à ce qu'elles aient ramolli, puis égouttez-les.

Pour préparer les rouleaux, remplissez un grand saladier d'eau froide et répartissez tous les ingrédients préalablement préparés devant vous sur une surface de travail propre. >>>

>>> Confectionnez un rouleau à la fois, en plongeant une feuille de riz dans le saladier d'eau pendant une minute environ, ou jusqu'à ce qu'elle soit bien hydratée. Sortez la feuille de riz ramollie de l'eau, secouez-la pour ôter tout excédent, puis disposez-la à plat sur la surface de travail.

À un tiers environ de la hauteur de la feuille, parsemez quelques pétales, si vous en avez, puis disposez en ligne horizontale quelques lanières de légumes et quelques algues, le cas échéant. Déposez ensuite une grosse cuillère à soupe de riz en ligne sur les légumes.

Repliez le bord le plus proche de vous de manière à recouvrir la garniture, puis roulez la feuille à moitié. Repliez ensuite chaque côté de la feuille avant de finir de la rouler. Placez le rouleau ainsi préparé sur une plaque et réservez-le au réfrigérateur. Répétez l'opération avec le reste des ingrédients.

Servez les rouleaux avec les légumes au vinaigre et la sauce soja pour les tremper.

/ Préparez les légumes marinés à l'avance, si possible, ou au moins quelques heures avant de servir. Ils se conserveront 3 à 4 semaines au réfrigérateur.

Un régime équilibré et nutritif, pour un vegan heureux et en bonne santé

Si vous consommez des aliments sains, frais, variés et de saison, vous ne courez vraisemblablement aucun risque. Mais il est bon de veiller aux apports en certains vitamines et minéraux, notamment si vous venez de renoncer à la viande, au poisson ou aux produits laitiers. Prenez soin de vos os en surveillant vos apports en calcium. Absorbez une bonne dose de calcium en préparant un sauté de pak choi, d'edamame et de tofu ; enfoncez le clou en grignotant des figues sèches et des amandes ; et accompagnez vos plats de chou kale ou de choux primeurs. N'oubliez pas non plus les acides gras essentiels. Équilibrez vos apports en omégas 3 et 6 en consommant des graines de chia, de chanvre et des noix, ainsi que des graines de courge et de tournesol. Renforcez votre système immunitaire avec des aliments riches en fer (brocolis, épinards et tofu) et en iode (canneberges, fraises et algues). Pour le zinc et la vitamine B12, c'est plus compliqué, car ils se trouvent principalement dans la viande rouge. Pour trouver du zinc, tournez-vous vers les flocons d'avoine, le tofu, les noix de cajou, les pois chiches et les lentilles. En revanche, les végétaux ne contiennent pas de vitamine B12 (essentielle pour le système nerveux). Vous en trouverez un peu dans les pâtes à tartiner à base de levure de bière (type Marmite ou Cenovis), ainsi que dans d'autres aliments enrichis en vitamine B12. Envisagez toutefois une supplémentation pour être certain d'absorber la dose journalière recommandée. Bien sûr, un complément multivitaminé de bonne qualité est parfaitement adapté pour couvrir tous vos besoins en vitamines et minéraux essentiels. À vous de choisir.

Caviar d'algues et de champignons

\\

POUR 8 À 10 PERSONNES, comme sauce pour tremper

5 g de champignons sauvages séchés mixés
10 g d'algues séchées (laitue de mer, fucus, hijiki, arame ou wakame)
500 g de champignons de Paris mixés
3 c. à s. d'huile d'olive
6 oignons nouveaux tranchés
2 gousses d'ail écrasées
50 g d'olives noires dénoyautées, hachées
10 g d'aneth fraîche hachée + pour accompagner
Jus d'un citron
Pincée de paprika
¼ de noix de muscade râpée ou ¼ de c. à c. de noix de muscade moulue
Sel et poivre noir du moulin

Mettez les champignons séchés et les algues dans un saladier et recouvrez-les entièrement d'eau bouillante. Laissez-les tremper 30 minutes, puis égouttez-les et hachez-les finement.

Cassez les champignons frais en morceaux grossiers directement dans le bol d'un robot, puis mixez-les jusqu'à ce qu'ils soient finement hachés (vous devrez procéder en plusieurs fois).

Faites chauffer l'huile dans une grande poêle, ajoutez les oignons nouveaux et l'ail et faites-les cuire environ 2 minutes, ou jusqu'à ce qu'ils soient tendres. Ajoutez les champignons frais hachés et les champignons et algues séchés, trempés puis hachés, et faites-les cuire à feu modéré. Les champignons vont commencer à rendre de l'eau — poursuivez la cuisson en remuant fréquemment jusqu'à tout ce que le liquide se soit évaporé, pendant 15 à 20 minutes environ ou jusqu'à ce que les champignons aient pris une belle couleur foncée. Réservez et laissez refroidir.

Mélangez les olives et l'aneth avec les champignons refroidis, ajoutez le jus de citron, le paprika et la noix de muscade, et salez et poivre selon votre goût. (N'ajoutez pas trop de sel car les olives sont assez salées).

Parsemez d'un peu d'aneth hachée puis servez.

/ Sombre et très riche, ce caviar est parfait pour tremper des crackers lorsque vous recevez du monde à l'apéritif (ou pour garnir de petits pancakes, comme les dosas au sarrasin de la p. 97). Il est également délicieux mélangé à des soupes et à des bouillons juste avant de servir.

Les possibilités sont quasi infinies pour garnir des sushis vegan : avocat, mangue, champignon, concombre, carotte, châtaignes, oignons nouveaux, tofu... Vous pouvez également les agrémenter avec du piment, des graines de sésame, des feuilles de nori ou des herbes fraîches.

Dosas au sarrasin

POUR UNE CINQUANTAINE DE MINI-BLINIS

100 g de farine de riz
50 g de farine de sarrasin
½ c. à c. de sel
Huile végétale, pour la friture

Mélangez les deux farines dans un grand saladier avec le sel. Ajoutez de l'eau tout en fouettant jusqu'à obtenir une pâte fluide.

Faites chauffer une poêle non adhésive à feu moyen-vif et huilez-la. À l'aide d'une cuillère à soupe, déposez un filet de pâte en faisant des mouvements circulaires de va-et-vient, sans laisser de trou au centre (voir photo p. 95). Chaque blini doit mesurer environ 4 x 7 cm.

Riz à sushi

POUR 4 PERSONNES

450 g de riz à sushi
1 morceau d'algue kombu ou kelp
4 c. à s. de vinaigre de riz
2 c. à s. de sucre en poudre (extra-fin)
1 c. à c. de sel fin

Mettez le riz dans une casserole avec l'algue kombu ou kelp et ajoutez 630 ml d'eau bouillante. Couvrez hermétiquement et laissez mijoter à feu moyen pendant 18 à 20 minutes jusqu'à ce que le riz soit tendre.

Retirez la casserole du feu. Laissez reposer 5 minutes, puis incorporez le vinaigre, le sucre et le sel.

Vous pouvez utiliser ce riz pour préparer des sushis, des makis, garnir des rouleaux de printemps (voir p. 90) ou confectionner des boulettes de riz au tofu et au gingembre (voir p. 36).

Il se conserve 3 à 4 jours au réfrigérateur.

Pisco Sour

POUR 2 PERSONNES

100 ml de Pisco
100 ml d'aquafaba
50 ml de jus de citron
2 c. à c. de sucre en poudre
Glaçons
Quelques gouttes d'angostura

Mettez tous les ingrédients dans un shaker, à l'exception de l'angostura et des glaçons, et secouez 20 à 30 secondes. Ajoutez les glaçons et secouez de nouveau pendant 20 à 30 secondes.

Servez dans deux verres et ajoutez quelques gouttes d'angostura.

Cosses de petits pois au piment de Padròn

POUR 2 À 3 PERSONNES

300 g de petits pois nouveaux non écossés
6 c. à s. d'huile d'olive
Flocons de sel de mer
Poivre d'Alep ou autre piment en flocons

/ Si elles sont tendres, mangez les cosses entières, ou sortez les pois à l'aide de vos dents, comme vous le feriez avec des cosses d'edamame.

Faites chauffer un grande poêle à feu moyen-vif. Mettez 2 cuillères à soupe d'huile et une poignée de cosses dans la poêle et faites-les revenir en remuant souvent la poêle. Faites cuire les cosses en plusieurs fois.

Lorsque la première tournée de cosses est presque tendre, au bout de 1 à 2 minutes de cuisson, ajoutez une pincée de sel de mer et de flocons de piment et remuez de nouveau la poêle. Prolongez la cuisson 1 à 2 minutes, jusqu'à ce que les cosses soient tendres.

Mettez les cosses cuites sur une plaque et répétez l'opération avec le reste des cosses.

Elles sont délicieuses servies avec une bière ou un cocktail bien frais comme le Pisco Sour ci-dessus.

Gnocchis aux pommes de terre et à la courge / Pesto trapanese

POUR 6 À 8 PERSONNES

GNOCCHI

750 g de grosses pommes de terre
500 g de courge butternut, pelée, épépinée et coupée en cubes de 4 cm de côté (poids net 350 g)
2 c. à s. d'huile d'olive
125 g de farine blanche ordinaire + supplément pour rouler les gnocchis

PESTO TRAPANESE

3 tomates mûres, grossièrement hachées
4 gousses d'ail hachées
50 g de feuilles de basilic frais, haché
125 g d'amandes blanchies, grillées ou non
150 ml d'huile d'olive extra-vierge
Sel et poivre noir du moulin

Préchauffez votre four à 200 °C.

Commencez par préparer le pesto. Mettez tous les ingrédients dans un robot et mixez-les finement. Sinon, hachez tous les ingrédients à la main, et mélangez-les pour obtenir une sauce grossière. Assaisonnez et réservez.

Pour préparer les gnocchis, piquez les pommes de terre deux ou trois fois avec une fourchette et enfournez-les 45 minutes à 1 h environ, jusqu'à ce qu'elles soient tendres.

Disposez les cubes de courge sur une plaque de four, ajoutez l'huile d'olive et une pincée de sel, et mélangez bien. Enfournez les cubes de courge et faites-les griller 30 à 40 minutes, ou jusqu'à ce qu'ils soient très tendres.

Lorsque les pommes de terre ont suffisamment refroidi pour être manipulées, tout en étant encore chaudes, pelez-les, mettez-les dans un grand saladier et écrasez-les jusqu'à obtenir une purée très lisse. Mettez la courge cuite dans le saladier avec les pommes de terre et écrasez bien le tout.

Incorporez la farine petit à petit, jusqu'à ce que le mélange soit lisse et légèrement collant. Salez. >>>

/ Vous pouvez congeler les gnocchis : préparez et façonnez la pâte, disposez-les gnocchis sur une plaque en une seule couche et mettez-les au congélateur jusqu'à ce qu'ils soient durs. Ensuite, mettez les gnocchis congelés dans des sacs de congélation pour les conserver. Faites-les cuire dans l'eau bouillante directement à la sortie du congélateur, ils sont prêts dès qu'ils remontent à la surface.

>>> Disposez ce mélange sur une surface de travail farinée et roulez des cylindres d'environ 34 cm de longueur et 2 cm de diamètre. Coupez chaque cylindre en morceaux de 3 cm d'épaisseur.

Pressez chaque morceau un par un sur une fourchette farinée. Faites-le rouler délicatement tout en le pressant contre les dents de la fourchette, puis faites-le tomber sur une assiette farinée. Procédez de même avec le reste des gnocchis.

Portez une grande casserole d'eau à ébullition et faites-y cuire 20 à 25 gnocchis à la fois. Ils remonteront très vite à la surface. Poursuivez la cuisson 10 à 15 secondes, puis sortez-les à l'aide d'une écumoire et réservez-les au chaud pendant que vous faites cuire le reste.

Servez les gnocchis chauds accompagnés du pesto.

Essayez de ne pas faire une fixation sur les produits de substitution et les succédanés de viande ou de produits laitiers. Tentez plutôt de modifier votre conception de la nourriture, votre façon de vous alimenter et de faire les courses. Faites preuve d'ouverture, que ce soit au supermarché ou dans votre cuisine ; réfléchissez à des aliments complets et des légumes que vous n'avez encore jamais goûtés. Montrez-vous entreprenant, et un univers gustatif totalement nouveau

s'ouvrira à vous. Puisez votre inspiration dans la cuisine du monde, et notamment les plats vegan « accidentels » — explorez la cuisine vietnamienne, thaï, japonaise et moyen-orientale, pour des idées pleines de vitalité.

Mole poblano / Sauce à la pomme verte

POUR 6 PERSONNES

4 piments Ancho séchés
2 piments Mulato séchés
2 piments Pasilla séchés
(vous pouvez également remplacer tous ces piments par 3 à 4 c. à c. de piment en flocons)
500 g de potiron ou de courge butternut, pelé, épépiné et coupé en cubes de 4 cm
3 aubergines, coupées en cubes de 4 cm
2 oignons hachés
6 gousses d'ail, non pelées
120 ml d'huile d'olive
½ c. à c. de cannelle moulue
1 c. à c. de graines de fenouil (ou d'anis)
10 grains de poivre noir
6 baies de piment de la Jamaïque (quatre-épices)
½ c. à c. de graines de coriandre
½ c. à c. de clous de girofle
1 c. à c. d'origan séché
5 c. s d'huile végétale
2 c. à s. de raisins secs
50 g de grué de cacao ou 100 g de chocolat noir haché
100 g d'amandes entières blanchies
50 g de cacahuètes crues, entières, non salées
50 g de graines de courge
50 g de graines de sésame
2 tortillas rassises ou 2 tranches de pain rassis (environ 50 g), coupées en morceaux
1 litre de bouillon de légumes
400 g de tomates hachées
2 c. à s. de cassonade brune ou de sirop de datte
Sel et poivre noir du moulin

SAUCE À LA POMME

1 petit oignon haché
1 piment Jalapeño ou autre piment vert, épépiné et haché
½ d'un petit concombre haché
Poignée de brins de coriandre, hachés + 2 c. à s. de feuilles hachées
Jus d'1 à 2 citrons verts
½ pomme verte hachée
Pincée de sucre en poudre (extra-fin)

ACCOMPAGNEMENT

Tortillas de maïs, réchauffées

/ Le traditionnel trio de piments utilisés pour préparer le Mole Poblano se compose de piments Ancho, Mulato et Pasilla. Mais vous pouvez utiliser votre propre assortiment de piments mexicains, en équilibrant les saveurs piquantes, douces et fumées. La plupart des grands supermarchés proposent un bon choix de piments mexicains entiers et moulus. Vous pouvez également les acheter en ligne.

Si vous utilisez des piments entiers, équeutez-les, épépinez-les (si vous le souhaitez) et coupez-les en grosses lanières. Mettez-les dans une poêle à feu moyen-vif et faites-les griller à sec pendant quelques minutes, sans les brûler.

Une fois grillés, mettez-les piments dans un saladier, couvrez-les entièrement avec de l'eau chaude et laissez-les tremper 1 heure.

Si vous utilisez des piments en flocons, pas besoin de les faire tremper. Faites-les simplement griller à feu doux (si vous les faites griller à feu vif, ils vont brûler et emplir votre cuisine d'une fumée ardente !).

Mettez le potiron ou la courge butternut, les aubergines, les oignons et les gousses d'ail entières dans un grand plat à rôtir. Versez l'huile d'olive, saupoudrez d'un peu de sel et mélangez bien afin de bien enduire tous les morceaux. Enfournez les légumes 30 à 40 minutes ou jusqu'à ce qu'ils soient tendres. Sortez-les du four et réservez.

Ôtez les gousses d'ail du plat et lorsqu'elles ont suffisamment refroidi, faites sortir la chair dans le bol d'un blender ou d'un robot en pressant les gousses.

Mettez les épices et les herbes du mole dans une poêle à feu doux-moyen et faites-les cuire à sec 2 à 3 minutes, en mélangeant souvent. Transférez ensuite les épices et les herbes grillées dans le bol du blender, avec l'ail.

Versez 2 cuillères à soupe d'huile végétale dans la poêle, ajoutez les raisins et le grué de cacao (si vous utilisez du chocolat, ne le mettez pas encore). Faites-les cuire jusqu'à ce que les raisins gonflent. Sortez-les de l'huile à l'aide d'une écumoire, et mettez-les dans le bol du blender.

Mettez les amandes et les cacahuètes dans la poêle et faites-les dorer. Mettez-les ensuite dans le bol du blender.

Versez une nouvelle cuillère à soupe d'huile dans la poêle, ajoutez les graines de courge et de sésame et faites-les dorer légèrement. Mettez-les également dans le bol du blender à l'aide d'une écumoire.

Enfin, mettez les morceaux de tortilla ou de pain dans la poêle et faites-les griller jusqu'à ce qu'ils soient dorés et croustillants. Mettez-les dans le bol du blender avec les piments et l'eau de trempage, et mixez le tout jusqu'à obtenir une pâte fine.

Faites chauffer les 2 cuillères à soupe restantes d'huile végétale dans une grande casserole, versez-y la pâte et faites-la cuire à feu doux pendant 5 minutes (attention à ne pas la faire brûler). Ajoutez le bouillon de légumes, les tomates hachées et le sucre ou le sirop, et faites cuire le tout 45 minutes, en mélangeant fréquemment et en veillant à ce que la sauce n'attache pas au fond de la casserole.

Ajoutez les graines de courge grillées, les aubergines et les oignons. Si vous utilisez du chocolat concassé (au lieu du grué), ajoutez-le également. Poursuivez la cuisson 30 minutes.

Pour préparer la sauce, mettez l'oignon haché, le piment, la moitié du concombre, les brins de coriandre, le jus d'un des citrons verts et 1 cuillère à soupe d'eau dans le bol d'un robot. Mixez jusqu'à obtenir une sauce grossière.

Versez cette sauce dans un saladier, ajoutez le reste du concombre, la pomme et les feuilles de coriandre. Ajoutez le sucre, puis salez et poivrez selon votre goût, en rajoutant du jus de citron vert si vous le souhaitez.

Servez le mole avec les tortillas de maïs chaudes et la sauce.

Caponata

POUR 4 À 6 PERSONNES

4 c. à s. d'huile d'olive
1 gros oignon haché
1 branche de céleri coupée en morceaux de 2 cm d'épaisseur
400 g de grosses tomates très mûres, grossièrement hachées (ou 1 boîte de 400 g de tomates concassées)
1 grosse aubergine (environ 400 g) coupée en cubes de 4 cm de côté
Huile végétale, pour la friture
1 c. à s. de câpres, bien rincées à l'eau chaude, égouttées et hachées
50 g d'olives vertes dénoyautées
1 à 2 c. à s. de vinaigre de vin rouge
1 à 1,5 c. à s. de sucre en poudre (extra-fin)
Poignée de persil plat frais, haché
Sel de mer et poivre noir du moulin

Faites chauffer l'huile d'olive dans une casserole et ajoutez l'oignon haché et le céleri. Faites-les cuire 5 à 6 minutes, jusqu'à ce qu'ils soient tendres. Ajoutez les tomates hachées et faites-les cuire 15 minutes, jusqu'à ce qu'elles soient fondantes.

Pendant ce temps, faites chauffer l'huile végétale dans une grande casserole profonde. Un morceau d'aubergine plongé dans l'huile doit grésiller immédiatement. Faites frire l'aubergine en plusieurs fois, en mélangeant de temps en temps, jusqu'à ce que les morceaux soient bien dorés et très tendres. Sortez les morceaux d'aubergine frits à l'aide d'une écumoire. Égouttez-les sur une plaque recouverte de papier essuie-tout.

Lorsque les tomates sont bien fondantes, ajoutez les câpres et les olives hachées. Assaisonnez, ajoutez 1 cuillère à soupe de vinaigre et 1 cuillère à soupe de sucre, et poursuivez la cuisson 15 à 20 minutes, ou jusqu'à obtenir une sauce épaisse et visqueuse.

Mélangez les morceaux d'aubergine frits à la sauce tomate et laissez mijoter 10 minutes. Goûtez et ajustez l'assaisonnement, en ajoutant du vinaigre et du sucre selon votre goût pour donner au plat une délicieuse saveur aigre-douce.

Ajoutez le persil haché au ragoût et laissez reposer au moins une heure avant de servir, pour laisser aux arômes le temps de se développer.

/ Un onctueux ragoût d'aubergines sicilien aigre-doux qui peut être servi froid comme antipasto ou chaud en plat principal, en entrée ou en accompagnement.

Gyozas aux châtaignes d'eau

POUR ENVIRON 36 RAVIOLIS

PÂTE À RAVIOLIS

300 g de farine blanche ou de farine à gyoza

FARCE

150 g de feuilles de chou chinois finement hachées
1 c. à s. d'huile de sésame
2 c. à s. d'huile végétale + supplément pour la cuisson des gyozas
2 grosses échalotes finement hachées
3 gousses d'ail écrasées
Morceau de gingembre fraîche de 5 cm d'épaisseur, finement râpé
½ c. à c. de cannelle moulue
1 c. à s. de vin de riz Shaoxing
8 châtaignes d'eau en conserve, égouttées et finement hachées
Sel et poivre noir du moulin

SAUCE

3 c. à s. de sauce soja
2 c. à s. de mirin
2 c. à s. de miso blanc
2 c. à s. de vinaigre de riz
2 c. à s. d'huile de sésame

Pour préparer la pâte, versez la farine sur un plan de travail propre, formez un puits au centre, et versez 180 ml d'eau froide. Mélangez rapidement la farine du bout des doigts pour obtenir une pâte ferme mais malléable. Pétrissez la pâte pendant 10 minutes environ, ou jusqu'à ce qu'elle soit souple et élastique. Recouvrez la pâte d'un saladier et laissez-la reposer 30 minutes.

Pour préparer la farce, mettez les feuilles de chou chinois hachées dans une passoire, saupoudrez-les d'un peu de sel et mélangez bien le tout. Laissez reposer 10 minutes, puis rincez et séchez soigneusement.

Faites chauffer les huiles dans une poêle à feu doux-moyen. Ajoutez les échalotes hachées, l'ail et le gingembre, et faites-les cuire 5 minutes ou jusqu'à ce qu'ils soient tendres. Ajoutez la cannelle, faites cuire 30 secondes, puis ajoutez le chou haché. Augmentez le feu, ajoutez le vin de riz et poursuivez la cuisson encore une minute jusqu'à ce que le chou soit tendre. Retirez la poêle du feu et ajoutez les châtaignes d'eau. Transférez ce mélange dans un saladier, assaisonnez et laissez refroidir. >>>

>>> Pour préparer la sauce, fouettez tous les ingrédients dans un bol.

Pour préparer les raviolis, divisez la pâte en quatre morceaux et roulez chaque morceau en forme de cylindre de 18 cm de longueur et d'environ 2 à 2,5 cm de diamètre. Coupez chaque cylindre en 9 rondelles de 2 cm d'épaisseur.

Disposez chaque rondelle de pâte sur une planche farinée et aplatissez-la avec la paume de la main. À l'aide d'un rouleau à pâtisserie, étalez chaque rondelle de manière à lui donner la forme d'un cercle de 7 cm de diamètre, en partant du centre et en tournant sans cesse. Ainsi, les bords des cercles seront plus fins que le centre.

Disposez les morceaux de pâte ainsi préparés sur une plaque, en les saupoudrant à chaque fois d'un peu de farine si vous les empilez.

Remplissez un bol d'eau froide. Préparez un cercle de pâte à la fois, en le prenant dans le creux de votre main et en déposant une grosse cuillère à café de farce refroidie en son centre. Trempez un doigt dans le bol d'eau, humidifiez la bordure interne du cercle de pâte, puis pliez-le en deux, en joignant soigneusement les bords du cercle au-dessus de la farce, et en les pinçant tout du long afin de bien fermer les raviolis. Répétez l'opération avec le reste de la pâte et de la farce.

Pour faire cuire les raviolis, faites chauffer une grande poêle (munie d'un couvercle) à feu moyen-vif, et versez-y une cuillère à soupe d'huile végétale. Posez-les raviolis sur leur base faites-les cuire en plusieurs fois, pendant 2 à 3 minutes ou jusqu'à ce qu'ils soient bien dorés en dessous. Ensuite, augmentez le feu, ajoutez un petit verre d'eau et mettez un couvercle. Laissez cuire 2 minutes de plus, jusqu'à ce que l'eau se soit évaporée et que les raviolis soient tendres et bien chauds.

Réservez les raviolis cuits au chaud pendant que vous faites cuire le reste suivant la même méthode, en rajoutant de l'huile si nécessaire.

Servez les raviolis avec la sauce.

/ Vous pouvez facilement préparer vous-même les raviolis, avec seulement de la farine et de l'eau. Si vous souhaitez une pâte plus fine, achetez de la farine à gyoza, que vous trouverez dans les supermarchés asiatiques. Vous pouvez également acheter de la pâte à ravioli prêteà l'emploi dans le commerce.

Un placard bien rempli peut être salvateur, alors faites preuve de générosité et d'inventivité

Constituez-vous un stock de céréales (orge, seigle, épeautre ou teff), de lentilles (du Puy, corail, brunes, jaunes, vertes), de haricots (noirs, azuki, cannellini, de Lima) et de tous les fruits secs oléagineux et graines. Ayez également toujours à disposition un bocal de tahini et/ou de miso. Le tahini est riche en vitamines B et en acides gras essentiels, et le miso est très bon pour la santé. Tous deux sont une base de sauce idéale.

/ Un bouillon de légumes peut être préparé de diverses manières, selon ce que vous avez dans votre réfrigérateur. La liste d'ingrédients ci-après n'est pas exhaustive, mais permet déjà de préparer un excellent bouillon. Agrémentez la recette avec des herbes, des épices et des légumes que vous aimez. Les tomates donnent une saveur riche, mais n'en mettez pas si vous souhaitez un bouillon plus délicat.

Bouillon de légumes

POUR ENVIRON 2 LITRES DE BOUILLON

2 poireaux
6 carottes
3 branches de céleri
3 oignons
1 bulbe de fenouil
1 tête d'ail entière, coupée en 2 horizontalement
1 c. à c. de poivre noir en grains
1 citron coupé en quartiers
6 feuilles de laurier
2 étoiles de badiane (anis étoilé) (facultatif)
1 gros brin de thym
Petite poignée de brins de persil
6 tomates grossièrement hachées (facultatif)

Hachez grossièrement tous les légumes. Mettez-les dans une grande casserole profonde avec tous les autres ingrédients. Couvrez avec 3 litres d'eau froide et faites chauffer à feu vif.

Portez à ébullition, puis réduisez à feu doux et laissez mijoter 30 minutes.

Retirez la casserole du feu et laissez le bouillon refroidir complètement, ce qui permettra aux arômes de se développer.

Passez le bouillon au chinois puis mettez-le au réfrigérateur. Il se conservera 5 à 6 jours. Vous pouvez également le congeler dans des petits récipients ou des sacs, afin d'avoir toujours un délicieux bouillon à disposition.

Pierogi aux champignons sauvages

POUR 25 À 30 RAVIOLIS

FARCE

4 grosses pommes de terre farineuse, 1 kg environ
3 c. à s. d'huile végétale ou de tournesol
2 oignons finement hachés
Sel et poivre noir du moulin

PÂTE

450 g de farine blanche ordinaire + supplément pour fariner
1 c. à c. de sel fin
1 c. à s. d'huile végétale ou de tournesol

ACCOMPAGNEMENT

100 ml d'huile d'olive
350 g de champignons sauvages et de culture, tranchés s'ils sont gros
3 c. à s. de persil plat frais haché
Jus d'un citron

Pour préparer la farce, pelez les pommes de terre et coupez-les en quartiers. Portez une casserole d'eau à ébullition et faites cuire les pommes de terre jusqu'à ce qu'elles soient tendres, puis égouttez-les et réduisez-les en purée.

Faites chauffer l'huile dans un poêle, ajoutez les oignons hachés et faites-les frire jusqu'à ce qu'ils soient tendres et dorés. Mettez-les dans le saladier avec la purée. Mélangez soigneusement et assaisonnez selon votre goût.

Pour préparer la pâte, versez la farine dans un grand saladier avec le sel et l'huile. Remplissez un pichet gradué de 125 ml d'eau tiède. Ajoutez l'eau progressivement de manière à obtenir une pâte souple, en mélangeant d'abord avec une fourchette, puis du bout des doigts.

Transférez la pâte sur un plan de travail propre, légèrement fariné. Pétrissez soigneusement la pâte pendant 5 minutes, ou jusqu'à ce qu'elle soit lisse. Farinez le plan de travail de temps en temps pour éviter qu'elle ne colle.

Abaissez la pâte à environ 3 mm d'épaisseur. Découpez 25 à 30 cercles à l'aide d'un emporte-pièce de 7 cm de diamètre.

Remplissez une casserole d'eau et portez-la à ébullition.

Prenez un cercle de pâte dans le creux de votre main, déposez une cuillère à soupe de farce en son centre et joignez les deux bords en les pinçant tout du long pour bien fermer le ravioli. Répétez l'opération avec le reste de la pâte et de la farce. >>>

>>> Plongez un tiers des raviolis dans l'eau bouillante tout en remuant pour qu'ils ne coulent pas et n'attachent pas au fond de la casserole.

Portez de nouveau l'eau à ébullition et laissez-la frémir 2 à 3 minutes ou jusqu'à ce que les raviolis remontent à la surface. Déposez les pierogi sur une plaque à l'aide d'une écumoire et réservez-les au chaud pendant que vous faites cuire le reste.

Pour servir les raviolis, faites chauffer 2 cuillères à soupe d'huile dans une grande poêle à feu moyen, déposez quelques raviolis en une seule couche et faites-les revenir 2 à 3 minutes de chaque côté, jusqu'à ce qu'ils soient dorés. Sortez-les et déposez-les sur une plaque, réservez-les au chaud et poursuivez avec le reste des raviolis, en rajoutant de l'huile dans la poêle si nécessaire.

Une fois tous les raviolis cuits, ajoutez le reste de l'huile et faites revenir rapidement les champignons, jusqu'à ce qu'ils commencent à devenir tendres. Mettez-les dans un saladier, arrosez-les de jus de citron, saupoudrez-les de persil et servez-les avec les raviolis.

/ Si vous voulez faire cuire les pierogi à l'avance, mettez-les dans un bol d'eau froide après cuisson, avant de les faire revenir. Laissez-les complètement refroidir puis égouttez-les. Ils se conserveront 1 jour ou 2 au réfrigérateur, prêts à être poêlés puis dégustés.

Manger au restaurant sans paniquer !

Un nombre croissant de restaurants propose des menus vegan. Mais que faire si vous ne voyez pas de petit « v » sur le menu d'un restaurant ? Plusieurs options s'offrent à vous.

Vous pouvez examiner le menu à la recherche d'un plat vegan « accidentel », ou d'une préparation quasi vegan, que vous pouvez tenter d'adapter en demandant à remplacer certains ingrédients. Gardez à l'esprit que les plats sont parfois préparés à l'avance avec de la viande et des produits laitiers (ou contiennent des produits laitiers cachés) et ne peuvent pas être modifiés à la dernière minute. Mais n'ayez pas peur de demander ! Obtenez les réponses dont vous avez besoin pour vous sentir parfaitement à l'aise.

Regardez également si les ingrédients sont précisés sur le menu. Cela peut paraître étrange, mais si vous aimez la moitié d'un plat et un ingrédient d'un autre plat, vous pouvez demander au serveur de consulter le chef pour savoir s'il accepterait de créer un plat hybride vegan (une combinaison de plats et d'ingrédients). Tout chef digne de ce nom acceptera de relever le défi.

La vie vous paraîtra beaucoup plus simple (et vos repas au restaurant bien plus agréables), si vous faites preuve d'amabilité, de souplesse et de politesse lorsque vous examinez le menu et passez commande.

Bien entendu, si la sortie au restaurant est prévue à l'avance, vous pouvez appeler au préalable : la plupart des établissements seront heureux de procéder à quelques ajustements après avoir pris les renseignements nécessaires, surtout si vous exprimez clairement vos besoins. Portez votre choix sur des restaurants plus compatibles avec l'alimentation vegan, comme les restaurants indiens, japonais, thaï, vietnamiens, voire mexicains.

Commander du vin

Les vins ne sont pas tous vegan — la plupart sont clarifiés avec des agents de collage comme la gélatine ou le blanc d'œuf. Si vous commandez un verre et que vous ne pouvez pas/voulez pas demander s'il est vegan, demandez un vin « naturel » — un nombre croissant de restaurants et de bars en proposent. Il s'agit de vins fabriqués sans processus de clarification ou de filtration, ce qui évite l'utilisation de produits d'origine animale. En outre, ils proviennent souvent de petites exploitations visionnaires. Vous contribuerez ainsi à soutenir une industrie précieuse et en plein essor.

Ragoût de haricots de Lima et de courgettes aux herbes

POUR 4 PERSONNES

RAGOÛT DE HARICOTS

200 g de haricots de Lima secs, trempés toute une nuit, ou 2 boîtes de 400 g de haricots de Lima, égouttés et rincés
½ tête d'ail (coupez la tête d'ail horizontalement, au milieu) + 4 gousses pelées et coupées en 2
3 feuilles de laurier
2 lanières de zeste de citron
100 ml d'huile d'olive
2 oignons coupés en tranches épaisses
2 brins de thym frais
4 grosses courgettes coupées en tranches épaisses
½ c. à c. de graines de fenouil (facultatif)
150 ml de vin blanc
Sel et poivre noir du moulin

SAUCE ZOGGHIU

Poignée de persil, haché
Poignée de menthe, hachée
3 gousses d'ail, pelées
200 ml d'huile d'olive
1 c. à s. de vinaigre de vin blanc

Si vous utilisez des haricots secs, égouttez-les après les avoir fait tremper et mettez-les dans une grande casserole. Recouvrez-les entièrement d'eau. Portez l'eau à ébullition et ajoutez la moitié de la tête d'ail, les feuilles de laurier et les lanières de zeste de citron (ne mettez ces dernières que si vous utilisez des haricots secs). Laissez mijoter 1 h à 1 h 30, jusqu'à ce que les haricots soient tendres.

Préparez la sauce zogghiu. Mettez le persil, la menthe et l'ail dans le bol d'un robot et mixez-les finement. Pendant que le robot tourne, ajoutez l'huile d'olive peu à peu jusqu'à obtenir une masse homogène. Transférez ce mélange dans un saladier, ajoutez le vinaigre et assaisonnez selon votre goût. Réservez.

Faites chauffer l'huile d'olive dans une grande casserole, puis ajoutez les oignons, le thym et les gousses d'ail pelées, et faites cuire à feu doux 10 minutes, jusqu'à ce que les oignons soient tendres.

Augmentez le feu, ajoutez les courgettes et faites-les revenir et dorer (10 minutes environ). Ajoutez les graines de fenouil et le vin. Faites bouillonner. Puis couvrez, réduisez le feu et laissez cuire 10 minutes de plus.

Égouttez les haricots cuits, en réservant l'eau de cuisson. Jetez l'ail, le laurier et les zestes de citron. Ajoutez les haricots égouttés dans la casserole, avec 3 ou 4 louches d'eau de cuisson. Si vous utilisez des haricots en conserve, ajoutez-les à ce moment-là avec quelques louchées d'eau. Salez et poivrez selon votre goût.

Servez le ragoût arrosé d'une partie de la sauce zogghiu, le reste de la sauce étant servi à part.

Haricots urd / Choux aux noix

POUR 6 PERSONNES

200 g de haricots urd (appelés aussi soja noir), cassés ou entiers
5 c. à s. d'huile de coco
2 c. à c. de graines de moutarde
2 gros oignons, hachés
Morceau de racine de gingembre fraîche de 5 cm d'épaisseur, finement râpé
3 gousses d'ail, écrasées
½ c. à c. de piment en poudre
½ c. à c. de curcuma moulu
½ c. à c. de sel
500 ml de lait d'amande ou d'autre fruit sec oléagineux, ou de lait de coco

CHOUX AUX NOIX

300 g de chou kale, équeuté
300 g de cavolo nero équeuté (chou palmier ou chou noir de Toscane)
Pincée de piment en poudre ou en flocons
2 c. à s. d'huile de coco fondue
1 gousse d'ail, écrasée
Jus d'un citron
50 g de tahini (pâte de sésame)
100 g d'olives noires dénoyautées
100 g de noix de cajou hachées
Sel

Dans une passoire, rincez les haricots urd dans une bonne quantité d'eau froide, jusqu'à ce que l'eau soit claire. Mettez-les dans un grand saladier, couvrez-les d'eau puis laissez-les tremper 8 heures ou toute une nuit.

Ensuite, égouttez et rincez de nouveau les haricots urd, mettez-les dans une grande casserole et couvrez-les à nouveau d'eau froide.

Portez à ébullition, puis laissez mijoter, en ôtant l'écume qui se forme éventuellement à la surface, pendant 45 minutes (si vous utilisez des haricots urd entiers, le temps de cuisson peut atteindre 1 h 30), ou jusqu'à ce qu'ils soient tendres.

Faites chauffer 2 cuillères à soupe d'huile de coco dans une poêle, ajoutez les graines de moutarde, et faites-les revenir une minute. Ajoutez ensuite le reste de l'huile de coco et les oignons hachés, et faites-les cuire 10 minutes, en remuant de temps en temps, jusqu'à ce que les oignons soient tendres.

Ajoutez le gingembre et l'ail, poursuivez la cuisson 5 minutes, puis ajoutez le piment, le curcuma et le sel. Laissez cuire encore 1 minute, sans cesser de remuer. >>>

>>> Égouttez les haricots noirs en laissant juste assez d'eau dans la casserole pour qu'ils soient entièrement recouverts (rajoutez un peu d'eau si vous les avez trop égouttés). Ajoutez les oignons cuits et la moitié du lait d'amande. Portez à frémissement, puis réduisez la température à feu très doux et laissez cuire 1 h à 1 h 30 en remuant fréquemment, jusqu'à obtenir un mélange très épais et crémeux. Veillez à ce que le curry ne s'assèche pas ajoutant du lait au besoin.

Si vous avez utilisé tout le lait, vous pouvez utiliser de l'eau. Vérifiez l'assaisonnement.

Pour préparer les choux, préchauffez votre four à 180 °C.

Lavez le chou kale et le cavolo nero et égouttez-les. Déchirez les feuilles en petits morceaux. Mettez-les dans un grand saladier puis saupoudrez-les d'un peu de sel et d'une pincée de piment en poudre, et ajoutez les 2 cuillères à soupe d'huile de coco fondue.

Mélangez bien le tout, puis répartissez le chou de manière uniforme sur deux plaques. Enfournez les plaques et faites cuire 10 minutes, en mélangeant le chou de temps en temps, jusqu'à ce qu'il soit tendre et croustillant sur les bords. Sortez-le du four.

Mélangez l'ail écrasé avec le jus de citron et le tahini dans un bol, et versez ce mélange sur le chou cuit. Parsemez d'olives et de noix de cajou hachées et mélangez bien.

Disposez les feuilles de chou sur des assiettes de service et déposez les haricots par-dessus. Vous pouvez également les accompagner de riz.

/ Ce plat est long à préparer. Prenez votre temps et vous serez récompensé par un curry riche et savoureux qui nourrira de nombreuses bouches affamées (ou vous fera plusieurs repas).

Certains vins, bières et spiritueux utilisent des sous-produits animaux dans leur processus de filtrage et de collage. Vérifiez l'étiquette ou utilisez un site participatif comme www.vin-vegetalien.com avant de déboucher la bouteille.

Aujourd'hui, les brasseries artisanales (et les producteurs de vin naturel, voir p. 119) mènent l'offensive vegan. Apprenez à les connaître pour pouvoir commander rapidement dans un bar bondé.

Toasts aux haricots cocos

POUR 4 À 6 PERSONNES

200 g de haricots cocos secs, ou 250 g de haricots cocos frais écossés (soit environ 500 g avec leurs cosses), ou 2 boîtes de 400 g
5 c. à s. d'huile d'olive extra-vierge + supplément pour arroser
2 gousses d'ail, coupées en 2 dans le sens de la longueur
Pincée de flocons de piment (facultatif)
Brin de romarin frais
500 g de tomates mûres, grossièrement hachées
Sel et poivre noir du moulin
Toasts au levain, pour accompagner

/ Si vous connaissez quelqu'un qui cultive des haricots cocos frais, proposez-lui de les cuisiner, tant que vous pouvez participer à la dégustation ! Pour un dîner rapide, utilisez des haricots en conserve.

Si vous utilisez des haricots secs, mettez-les dans un grand saladier, couvrez-les d'eau et laissez-les tremper 6 heures, ou toute une nuit. Le lendemain, égouttez-les, rincez-les, mettez-les dans une grande casserole et recouvrez-les entièrement d'eau. Portez à ébullition, puis réduisez-le feu et laissez mijoter 1 h à 1 h 30 environ, jusqu'à ce que les haricots soient tendres. Retirez la casserole du feu et laissez les haricots refroidir dans leur eau de cuisson.

Si vous utilisez des haricots frais, mettez les haricots écossés dans une grande casserole et couvrez-les entièrement d'eau. Portez à ébullition, puis réduisez le feu et laissez mijoter 30 à 40 minutes, ou jusqu'à ce que les haricots soient tendres. Retirez-les du feu et laissez-les refroidir dans leur eau de cuisson.

Si vous utilisez des haricots en boîte, égouttez et rincez-les.

Faites chauffer une grande casserole à feu doux et ajoutez l'huile d'olive. Lorsqu'elle est chaude, ajoutez les gousses d'ail coupées en 2, les flocons de piment et le romarin, et faites-les revenir doucement une minute.

Augmentez le feu, ajoutez les tomates, mélangez, laissez mijoter 10 à 15 minutes.

Mettez les haricots dans la casserole avec les tomates, en ajoutant quelques louches d'eau de cuisson. Si vous utilisez des haricots en conserve, ajoutez quelques louches d'eau. Portez de nouveau à frémissement et faites cuire encore 10 minutes.

Écrasez environ un tiers des haricots à la cuillère et assaisonnez selon votre goût.

Disposez les toasts au levain sur des assiettes, garnissez-les avec les haricots et arrosez-les d'un filet d'huile d'olive.

Riz wolof / Salade arc-en-ciel

POUR 8 PERSONNES

RIZ WOLOF

2 boîtes de 400 g de tomates concassées, ou 750 g de tomates fraîches mûres grossièrement hachées
1 ou 2 piments scotch bonnet, selon votre goût (attention, ils sont très forts !)
2 oignons hachés
3 c. à s. d'huile végétale
3 gousses d'ail écrasées
Quelques brins de thym frais
1 c. à s. de paprika fumé
1 c. à c. de cannelle moulue
½ c. à c. de gingembre moulu
½ c. à c. de noix de muscade moulue
2 c. à s. de concentré de tomate
500 g de riz basmati ou long grain
4 feuilles de laurier
1 litre de bouillon de légumes
Sel et poivre noir du moulin

SAUCE À LA MOUTARDE

Morceau de 5 cm de curcuma frais, finement râpé
1 c. à c. de moutarde à l'ancienne
Jus d'une orange
100 ml d'huile d'arachide ou d'olive
1 c. à c. de cassonade brune

SALADE ARC-EN-CIEL

3 oignons nouveaux hachés
200 g de chou blanc coupé en lanières très fines
3 carottes (idéalement une orange, une violette et une jaune) coupées en bâtonnets
Poignée de graines de grenade
8 radis coupés rondelles

GARNITURE DE LÉGUMES

2 c. à s. d'huile végétale
1 oignon rouge tranché
1 gousse d'ail écrasée
1 c. à s. d'assaisonnement universel (mélange prêt à l'emploi d'épices et de légumes)
200 g de haricots verts grossièrement hachés
200 g de petits pois, frais ou surgelés (préalablement décongelés)
200 g de fèves écossées, fraîches ou surgelées (préalablement décongelées)

Pour préparer le riz wolof, mettez les tomates, le(s) piment(s) scotch bonnet et l'un des oignons hachés dans un robot, puis mixez-les très finement.

Faites chauffer l'huile dans une très grande casserole. Ajoutez le reste des oignons hachés, l'ail et les brins de thym, et faites-les cuire 5 minutes jusqu'à ce que les oignons soient tendres. >>>

>>> Ajoutez les épices, poursuivez la cuisson 2 minutes, puis ajoutez le concentré de tomate et faites revenir encore une minute. Ajoutez les tomates mixées, portez à ébullition puis réduisez le feu et laissez mijoter 10 minutes.

Ajoutez ensuite le riz, les feuilles de laurier et le bouillon. Salez et poivrez, mélangez soigneusement, et portez de nouveau à ébullition. Couvrez hermétiquement la casserole avec du papier aluminium surmontée d'un couvercle, réduisez la température à feu très doux et faites cuire 20 minutes.

Retirez la casserole du feu et laissez reposer avec le couvercle, pendant 10 minutes, avant d'égrener le riz avec une fourchette.

Pendant que le riz cuit, préparez la salade de chou. Mettez tous les ingrédients de la sauce dans un grand saladier et mélangez bien. Ajoutez tous les ingrédients de la salade, assaisonnez et remuez bien le tout. Réservez.

Pour préparer les légumes, faites chauffer l'huile dans une poêle, ajoutez l'oignon rouge et l'ail émincés et faites-les revenir 5 minutes pour les attendrir. Ajoutez l'assaisonnement universel et les haricots verts en morceaux et faites-les revenir 5 minutes. Augmentez le feu, arrosez avec un petit verre d'eau puis mettez un couvercle.

Faites cuire 2 à 3 minutes, puis ajoutez les petits pois et les fèves, et poursuivez la cuisson 2 à 3 minutes pour bien les réchauffer.

Servez le riz wolof garni avec les légumes, et avec la salade à part.

/ Le riz wolof n'est jamais cuisiné en petites quantités, il est donc parfait pour une réception. Vous pourrez mettre les restes dans une boîte pour les apporter au travail.

Rien ne vous oblige à manger seul ! Lorsque vous cuisinez pour vos colocataires ou votre famille, voyez gros : un biryani (ou un riz wolof, voir page ci-contre), un chili ou une ratatouille (voir p. 64) sont parfaits pour nourrir de nombreux convives, et sont appréciés de tous. Si vous vous rendez chez des amis, proposez un thème (le Moyen-Orient est une valeur sûre), ou questionnez vos hôtes sur leurs projets et proposez-leur d'apporter un plat sur le même thème — le dîner n'en sera que plus convivial. C'est certes fastidieux, mais au moins vous n'aurez pas faim. Cuisinez en quantité suffisante pour tout le monde, et vous pourriez même conquérir les autres invités.

Pancakes au kimchi coréen

POUR 1 GRAND PANCAKE ÉPAIS OU 4 PANCAKES FINS

250 g de kimchi (voir p. 135)
50 g de farine de riz
50 g de farine blanche ordinaire
1 c. à c. de sel
200 g de tofu ferme, égoutté et émietté
100 g de pousses de soja
6 oignons nouveaux hachés
20 g d'algues séchées, trempées dans l'eau 15 minutes, puis égouttées et hachées
Huile végétale, pour la friture
Graines de sésame, pour saupoudrer

SAUCE

120 ml de sauce soja foncée
6 c. à s. d'huile de sésame
4 c. à s. de vinaigre de riz
2 c. à c. de flocons de piment (facultatif)
1 c. à s. de graines de sésame grillées

Mettez le kimchi dans une passoire au-dessus d'un pichet gradué, et pressez-le pour en extraire le plus de jus possible. Mesurez le jus et complétez avec de l'eau de manière à obtenir 100 ml de liquide. Hachez grossièrement le kimchi égoutté.

Mettez les farines dans un grand saladier avec le sel, puis incorporez le jus de kimchi en fouettant. Ajoutez le kimchi haché, le tofu, les pousses de soja, les oignons nouveaux et l'algue, mélangez et laissez reposer 10 minutes.

Pendant ce temps, préparez la sauce. Mélangez dans un bol la sauce soja, l'huile de sésame, le vinaigre, le piment si vous en avez, et les graines de sésame.

Pour faire cuire les pancakes, faites chauffer une cuillère à soupe d'huile végétale dans une poêle à feu moyen-doux. Ajoutez un quart de la pâte et étalez-la avec le dos d'une cuillère. Faites-la cuire 3 à 5 minutes, jusqu'à ce que la base soit croustillante et dorée, puis retournez-la et faites-la cuire de l'autre côté de la même façon. Sortez le pancake de la poêle et réservez-le au chaud pendant que vous répétez l'opération avec le reste de la pâte, en huilant la poêle entre chaque pancake.

Sinon, vous avez également la possibilité de préparer un seul gros pancake, en versant toute la pâte en une seule fois. Faites-le cuire 10 à 12 minutes de chaque côté.

Servez le(s) pancake(s) chaud(s), parsemé(s) de graines de sésame. Servez la sauce à part.

Kimchi

POUR 1,5 LITRE ENVIRON

1 kg de chou chinois
4 c. à s. de sel de mer
3 c. à s. de pâte de piment coréenne (gochujang)
2 c. à s. de poudre de piment coréenne (gokchu guru)
4 gousses d'ail écrasées
Morceau de racine de gingembre fraîche de 4 cm d'épaisseur, finement râpé
1 c. à s. de sucre en poudre (extra-fin)
250 g de radis mooli (daikon) coupé en bâtonnets
250 g de carottes, pelées et coupées en bâtonnets
4 châtaignes d'eau coupées en bâtonnets
6 oignons nouveaux coupés en bâtonnets

/ Voir p. 132 pour les pancakes coréens au kimchi.

Coupez le chou en quartiers et retirez le cœur. Coupez les quartiers en morceaux de 6 cm d'épaisseur et mettez-les dans une passoire. Ajoutez le sel, mélangez bien et laissez reposer 1 h 30 à 2 h, en mélangeant une ou deux fois.

Rincez le chou sous l'eau froide, égouttez-le puis séchez-le sur des torchons.

Dans un grand saladier, mélangez la pâte de piment, la poudre de piment, l'ail, le gingembre et le sucre. Ajoutez le radis mooli (daikon), les carottes, les châtaignes d'eau, les oignons nouveaux et le chou, puis mélangez bien.

Transférez ce mélange dans un bocal à conserves stérilisé, en le poussant bien jusqu'au fond. Fermez le bocal et laissez-le à température ambiante 48 heures. Ensuite, mettez-le au réfrigérateur et laissez-le au frais 4 jours avant de le servir. Une fois par jour, purgez le bocal en ouvrant le couvercle (vous entendez alors un sifflement), puis refermez-le. Vous pouvez conserver le mélange dans le même bocal ou le répartir dans deux ou trois bocaux plus petits.

Le kimchi se conserve au minimum 1 mois ou 2, mais son goût devient de plus en plus fort au fil du temps. C'est pourquoi il est préférable de l'utiliser en salade dans les 2 à 3 jours suivant sa préparation (à l'issue des 4 jours passés au frais), puis de l'utiliser cuit.

Semifreddo à la banane / Nougatine au sirop d'érable

POUR 4 PERSONNES

NOUGATINE

Un peu d'huile végétale ou de coco, pour graisser
75 g de sucre de coco
125 ml de sirop d'érable
Pincée de sel de mer
50 g de graines de sésame
100 g d'amandes effilées

SEMIFREDDO

200 g de châtaignes cuites
3 c. à s. de vergeoise brune, de sucre muscovado ou de cassonade brune
3 c. à s. de rhum
4 bananes mûres
1 c. à c. de pâte ou d'extrait de vanille
75 g de halva vegan, émietté
2 c. à s. de beurre de noisette

Commencez par préparer la nougatine. Graissez une plaque de four avec un peu d'huile. Mélangez le sucre de coco, le sirop d'érable et le sel dans une casserole. Faites chauffer ce mélange à feu moyen-doux en remuant jusqu'à ce qu'il ait fondu et ait une consistance lisse.

Baissez le feu, ajoutez les graines de sésame et les amandes, et laissez cuire 5 minutes jusqu'à ce que le mélange soit brun foncé et caramélisé (attention à ne pas le faire brûler !) Versez-le immédiatement en une seule couche uniforme sur la plaque graissée. Laissez refroidir complètement. Une fois la nougatine refroidie et durcie, brisez-la en gros morceaux.

Pour préparer le semifreddo, mettez les châtaignes dans le bol d'un robot avec le sucre, et mixez jusqu'à obtenir un mélange très lisse. Ajoutez le rhum, les bananes, la vanille, le halva et le beurre de noisette, puis mixez jusqu'à ce que le mélange redevienne lisse.

Versez-le dans un petit moule à cake, puis placez-le au réfrigérateur 1 heure ou 2 après. S'il est trop congelé et que vous avez du mal à faire des boules, sortez-le du congélateur et laissez-le ramollir un peu avant de le servir. Vous pouvez également le démouler sur une assiette et le couper en tranches.

Servez avec les brisures de nougatine.

/ Un semifreddo est un dessert glacé italien, qui se prépare très rapidement. La nougatine réduite en poudre peut servir à saupoudrer la glace, agrémenter les smoothies, ou enrober les truffes au chocolat (brisez la nougatine en petits morceaux et mixez-la en fine poudre à l'aide d'un robot).

Crème glacée à l'abricot, à l'eau de rose et à la pâte d'amandes

POUR 6 À 8 PERSONNES

125 g de sucre blond en poudre
500 g d'abricots frais, dénoyautés et hachés
200 g de pâte d'amandes émiettée
300 ml de lait d'amande
1 c. à c. d'eau de rose
Pétales de rose frais (facultatif)
Yaourt à la noix de coco (facultatif)

Versez 125 ml d'eau dans une casserole et ajoutez le sucre. Faites chauffer à feu doux et mélangez jusqu'à ce que le sucre soit dissout.

Ajoutez les abricots, et augmentez le feu pour porter le liquide à ébullition, puis réduisez-le et laissez cuire 10 minutes, jusqu'à ce que les abricots soient tendres.

Ajoutez la pâte d'amandes et poursuivez la cuisson 1 à 2 minutes jusqu'à ce qu'elle soit fondue, en mélangeant bien. Retirez du feu, puis ajoutez le lait d'amande et l'eau de rose.

Laissez refroidir environ 45 minutes, puis mettez au réfrigérateur 1 à 2 heures.

Versez le mélange dans une sorbetière et faites-le turbiner jusqu'à ce qu'il soit à moitié congelé. Transférez-le ensuite dans une boîte en plastique, et mettez-le au congélateur 4 à 6 heures.

Sinon, transférez le mélange dans une boîte en plastique et plavez-la au congélateur pendant 30 minutes. Ensuite, sortez-le du congélateur, battez-le soigneusement et remettez le au congélateur. Répétez cette opération toutes les 30 minutes, en battant le mélange jusqu'à ce qu'il soit onctueux. Poursuivez jusqu'à ce que le mélange soit presque entièrement congelé. Enfin, remettez-le au congélateur et laissez-le congeler complétement.

Servez des boules dans des ramequins, accompagnées de pétales de rose et de yaourt à la noix de coco.

Pâtes à tarte

POUR UN MOULE À TARTE DE 23 CM DE DIAMÈTRE

PÂTE BRISÉE

200 g de farine blanche ordinaire
75 g de poudre d'amandes
Pincée de sel
100 g d'huile ou beurre de coco

PÂTE SABLÉE

200 g de farine blanche ordinaire
50 g de poudre d'amandes
Pincée de sel
100 g d'huile ou beurre de coco
75 g de sucre muscovado ou de vergeoise blonde
½ c. à c. d'extrait de vanille

/ Ces recettes de pâte simples conviendront à toutes vos tartes, tourtes, et quiches.

Pour préparer la pâte brisée, mettez la farine, la poudre d'amandes et le sel dans un grand saladier. Incorporez l'huile ou le beurre de coco du bout des doigts jusqu'à ce que le mélange ait une consistance sableuse. Ajoutez suffisamment d'eau (3 à 4 cuillères à soupe), puis mélangez pour obtenir une pâte lisse. Filmez la pâte et placez-la au réfrigérateur pendant 30 minutes avant de l'étaler.

Pour préparer la pâte sablée, mettez la farine, la poudre d'amandes et le sel dans un grand saladier. Incorporez l'huile ou le beurre de coco du bout des doigts jusqu'à ce que le mélange ait une consistance sableuse. Mélangez le sucre et la vanille, puis ajoutez suffisamment d'eau (3 à 4 cuillères à soupe environ) pour obtenir une pâte lisse. Filmez la pâte et placez-la au réfrigérateur pendant 30 minutes avant de l'étaler.

Pour faire cuire le fond de tarte, préchauffez votre four à 190 °C. Étalez finement la pâte (environ 3 mm d'épaisseur) et foncez un moule à tarte de 23 cm. Découpez l'excédent.

Découpez un morceau de papier sulfurisé légèrement plus grand que le moule, disposez-le sur la pâte et remplissez le moule avec des poids de cuisson. Enfournez la pâte pour 10 minutes, puis ôtez le papier et les poids et poursuivez la cuisson 5 à 10 minutes, jusqu'à ce que la pâte soit légèrement dorée et quasiment cuite.

Soyez vigilant !

Miel

Le miel n'est malheureusement pas un produit vegan (c'est un produit d'origine animale). Il existe des substituts sucrés, comme les sirops d'agave, de datte, d'érable, de malt et de riz brun.

Chocolat

Un grand nombre de chocolats noirs de bonne qualité sont vegan, mais pensez toujours à vérifier car certains peuvent contenir des produits laitiers. La poudre ou le grué de cacao (fabriqués à partir de fèves de cacao torréfiées puis concassées) sont vegan et possèdent des arômes intenses.

Bonbons, sauces... encre de tatouage

Des substances d'origine animale peuvent se retrouver dans des produits complètement inattendus, comestibles ou non. Vérifiez la présence de gélatine dans les bonbons gélifiés et les sauces, et d'ingrédients comme le lactosérum, la caséine, la gomme-laque ou le carmin. Et vérifiez la composition de l'encre avec votre tatoueur avant de passer sous son aiguille !

Saucisson au chocolat

2 c. à s. de beurre ou d'huile de coco
3,5 c. à s. de beurre d'oléagineux sans morceaux
25 g de vergeoise
50 g de Golden Syrup (sirop de sucre brut), de sirop d'érable, de riz ou de datte
½ c. à c. de pâte ou d'extrait de vanille
300 g de chocolat noir, minimum 70 % de cacao, cassé en morceaux
25 g de pruneaux dénoyautés ou de figues sèches hachés
75 g de dattes Mejhoul dénoyautées et hachées
50 g de baies séchées (cerises, canneberges ou myrtilles)
Pincée de sel de mer
2 c. à s. de marsala (facultatif)
50 g de biscuits vegan écrasés
50 g d'oranges confites finement hachées
1 petit morceau de gingembre au sirop, finement haché
25 g de pistaches hachées
25 g d'amandes grillées hachées
25 g de chocolat blanc vegan haché

Mettez le beurre ou l'huile de coco dans une grande casserole avec le beurre d'oléagineux, le sucre, le sirop et la vanille, et faites chauffer à feu doux. Lorsque le mélange est chaud et fondu, ajoutez les morceaux de chocolat noir et faites-les fondre sans cesser de mélanger.

Retirez du feu et laissez refroidir légèrement, puis incorporez le reste des ingrédients.

Disposez une grande feuille de papier sulfurisé, d'environ 30 cm de largeur, sur un plan de travail. À l'aide d'une spatule, versez le mélange au chocolat en ligne horizontale au centre du papier sulfurisé.

Enroulez le papier autour du mélange de manière à former un long cylindre d'environ 8 cm de diamètre, puis fermez-le en l'entortillant aux extrémités.

Laissez refroidir en roulant le cylindre de temps en temps pour obtenir une belle forme arrondie. Lorsque le mélange est suffisamment froid, mettez-le au réfrigérateur 2 à 3 heures afin qu'il se fige complètement.

Au moment de servir, coupez des tranches de 2 cm d'épaisseur.

/ Ce saucisson au chocolat sans cuisson peut également être préparé sous la forme de boulettes roulées dans du cacao ou des pistaches hachées, afin de confectionner de délicieuses truffes.

Sandwiches « meringues » au chocolat

POUR 12 MERINGUES OU 6 SANDWICHES

- Aquafaba (le liquide égoutté d'une boîte de 400 g de pois chiches)
- ½ c. à c. de crème de tartre ou de jus de citron
- 125 g de sucre en poudre (extra-fin)
- ½ c. à c. d'extrait de vanille (facultatif)
- 100 g de chocolat noir haché, minimum 70 % de cacao
- 6 c. à s. de pâte à tartiner chocolat-noisette (voir p. 149)

/ Des meringues vegan confectionnées avec le miraculeux aquafaba ! Utilisez les pois chiches égouttés pour préparer une autre recette, comme les pois chiches grillés au fenouil (p. 87) ou la ratatouille au four (p. 64).

Préchauffez votre four à 120 °C. Tapissez 2 plaques de four de 23 x 32 cm de papier sulfurisé.

Versez le liquide égoutté de la boîte de pois chiche dans un grand saladier et fouettez-le 5 à 10 minutes à l'aide un batteur à main électrique ou d'un batteur sur socle, jusqu'à ce qu'il ait plus que doublé de volume et qu'il soit blanc et mousseux.

Ajoutez la crème de tartre ou le jus de citron et fouettez encore une minute. Ajoutez le sucre peu à peu, en fouettant sans cesse jusqu'à ce que le mélange forme des pics fermes et brillants. Incorporez l'extrait de vanille.

Déposez 12 grosses cuillerées de meringue sur les plaques, en les espaçant légèrement car elles vont légèrement gonfler. Enfournez pendant 2 heures. N'ouvrez surtout pas le four pendant la cuisson ! Au bout de 2 heures, éteignez le four et laissez les meringues refroidir complètement avant de les sortir.

Portez une casserole d'eau à ébullition. Placez par-dessus un saladier résistant à la chaleur et mettez-y le chocolat haché. Retirez la casserole du feu et mélangez le chocolat jusqu'à ce qu'il soit fondu. À l'aide d'une cuillère, déposez un filet de chocolat fondu sur les meringues en faisant un mouvement de va-et-vient. Attendez que le chocolat se fige.

Pour faire des sandwiches, décollez doucement les meringues du papier. Prenez une meringue, déposez 1 c. à s. de chocolat sur sa base, puis placez la base d'une autre meringue sur le chocolat pour faire un sandwich. Posez le sandwich ainsi formé sur une assiette et répétez l'opération jusqu'à épuisement des ingrédients.

Sucettes glacées au beurre de cacahuète / Crème d'amandes

POUR 12 SUCETTES

SUCETTES

250 g de beurre de cacahuète sans morceaux
350 ml de lait d'amande frais ou non sucré
3 c. à s. de vergeoise blonde
1 gousse de vanille ou 1 c. à c. d'extrait ou de pâte de vanille
Pincée de sel de mer

CRÈME D'AMANDE

500 ml de lait d'amande frais ou non sucré
1 gousse de vanille, ou 1 c. à c. d'extrait ou de pâte de vanille
225 g de sucre blond en poudre
3 grosses c. à s. de maïzena (amidon de maïs)

ENROBAGE

100 g de chocolat blanc vegan haché
75 g de fruits secs oléagineux hachés, de noix de cajou aux piments Chipotle hachées (p. 87) ou de nougatine au sirop d'érable écrasée (p. 136)

Pour préparer les sucettes, mettez le beurre de cacahuète, le lait d'amande et le sucre dans une casserole. Si vous utilisez une gousse de vanille, fendez-la dans le sens de la longueur et grattez les graines dans la casserole, puis plongez-y la gousse. Sinon, ajoutez l'extrait ou la pâte de vanille.

Faites chauffer la casserole à feu moyen, mélangez jusqu'à ce que le sucre soit dissout, puis retirez la casserole du feu, salez, mélangez et laissez refroidir complètement.

Si vous utilisez une gousse de vanille, retirez-la de la casserole puis remplissez à moitié 12 moules à sucettes. Placez le reste du mélange au réfrigérateur. Mettez les sucettes au congélateur pendant 1 h 30 environ, ou jusqu'à ce qu'elles soient à moitié congelées. >>>

>>> Enfoncez un bâton au centre de chaque moule à sucette puis remettez-les au congélateur 30 minutes de plus. Complétez les moules à sucettes avec le reste du mélange, puis remettez-les au congélateur au moins 4 heures ou toute une nuit pour les congeler complètement.

Pour préparer la crème d'amandes, versez 400 ml de lait d'amande dans une casserole. Si vous utilisez une gousse de vanille, fendez-la dans le sens de la longueur et grattez les graines dans la casserole, puis plongez-y la gousse. Sinon, ajoutez l'extrait ou la pâte de vanille.

Pendant ce temps, mettez le sucre et la maïzena dans un grand saladier, ajoutez le reste du lait et fouettez jusqu'à obtenir un mélange homogène.

Faites chauffer le lait, et lorsqu'il est sur le point de bouillir, ajoutez le mélange contenant la maïzena, sans cesser de fouetter. Poursuivez la cuisson en remuant jusqu'à obtenir un mélange lisse et épais.

Remettez la crème dans le saladier et couvrez-la de papier sulfurisé ou de film alimentaire pour éviter la formation d'une peau. Laissez refroidir.

Faites fondre le chocolat. Portez une petite casserole d'eau à ébullition, puis réduisez le feu à frémissement. Placez un saladier résistant à la chaleur au-dessus de la casserole et mettez-y le chocolat haché. Ôtez du feu et mélangez jusqu'à ce que le chocolat ait complètement fondu.

Mettez les fruits secs hachés ou la nougatine écrasée dans un bol. Sortez les sucettes du congélateur, démoulez-les puis trempez-les tour à tour dans le chocolat fondu, puis dans les fruits secs. Remettez-les dans les moules (ou sur une plaque) au congélateur pendant que vous réchauffez la crème à feu doux-moyen.

Servez les sucettes avec la crème chaude dans laquelle vous les plongerez. Elles se conserveront jusqu'à une semaine au congélateur.

Pâte à tartiner / Lait d'amande matcha / Neige de coco

Pâte à tartiner chocolat-noisette

POUR 2 BOCAUX DE 300 ml

150 g de noisettes blanchies
400 ml de lait de noisette
225 g de chocolat noir, minimum 70 % de cacao, grossièrement haché
50 g de sucre blond en poudre ou 5 c. à s. de sirop de datte ou d'érable
½ c. à c. d'extrait de vanille
Pincée de sel

Préchauffez votre four à 180 °C.

Étalez les noisettes sur une plaque en une seule couche. Faites-les cuire 12 à 15 minutes jusqu'à ce qu'elles soient dorées, puis sortez-les du four et laissez-les refroidir.

Versez les noisettes grillées refroidies dans le bol d'un robot, et mixez-les jusqu'à obtenir une pâte très lisse (cela peut prendre un peu de temps).

Pendant ce temps, versez le lait dans une casserole, ajoutez le chocolat haché et le sucre ou le sirop. Faites chauffer à feu très doux et mélangez sans arrêt jusqu'à ce que le mélange soit fondu et lisse (ne le faites pas brûler !) Ajoutez la vanille et le sel.

Démarrez le robot, versez le mélange lait-chocolat fondu dans la pâte de noisettes et mixez jusqu'à obtenir un mélange lisse. Transférez-le dans des bocaux, puis mettez-le au réfrigérateur jusqu'à ce qu'il se fige.

Cette pâte à tartiner se conserve environ une semaine au réfrigérateur.

Lait d'amande au thé vert matcha

- 300 ml de lait d'amande ou d'un autre fruit sec oléagineux
- 1 c. à s. de sirop de datte, de riz ou d'érable, selon votre goût
- ½ c. à c. de thé vert matcha en poudre
- Une cuillerée de neige de coco (voir ci-dessous)

Pour préparer le lait d'amande au thé vert matcha, mettez le lait d'amande dans un blender avec le sirop et le matcha, et mixez bien jusqu'à obtenir un mélange très lisse et mousseux.

Juste avant de servir, ajoutez un peu de neige de coco et mélangez.

Servez avec de la pâte à tartiner chocolat-noisette étalée sur un toast au levain.

Neige de coco

- 1 portion de lait de coco frais (p. 10) ou une boîte de 400 ml de lait de coco en conserve

Versez le lait de coco dans un récipient avec 300 ml d'eau froide et congelez-le complètement (cela prendra au minimum quelques heures. Il faut que le mélange soit très dur, donc laissez-le de préférence toute une nuit).

Sortez le lait de coco du congélateur et laissez-le à température ambiante 15 minutes environ afin qu'il commence à fondre légèrement.

Brisez le lait de coco congelé, mettez les morceaux dans le bol d'un robot et mixez-les afin d'obtenir une poudre semblable à de la neige. Remettez cette neige au congélateur 1 à 2 heures.

Elle se conservera 1 semaine ou 2.

La confusion n'est pas permise. Si vous avez un doute sur le caractère vegan d'un produit, consultez une source fiable, comme www.peta.org. Ce site recense les enseignes de mode et les marques de cosmétiques vegan-friendly, ainsi que les entreprises certifiées sans cruauté animale, ce qui peut vous aider à faire des choix conformes à votre mode de vie.

Ne restez pas seul. Il existe des associations, des clubs, des rassemblements vegan, et même des sites de rencontre qui peuvent vous aider à entrer en contact avec des personnes de même sensibilité. Trouvez-les, rejoignez-les !

Suivez vos propres règles en ce qui concerne votre régime alimentaire et votre style de vie en général. Après tout, il s'agit d'un choix entièrement personnel. Il n'est pas toujours possible ni facile d'être vegan à chaque moment de sa vie. Le degré de rigueur est fonction de chacun, et peut évoluer au fil du temps ; ne culpabilisez pas, ne soyez pas sur la défensive parce que vous avez pris une décision prétendument non conforme à l'étiquette « vegan ». En choisissant d'être vegan, vous faites preuve de considération envers la planète et de compassion envers les animaux. Et n'oubliez pas d'être indulgent envers vous-même.

Pas de regrets, pas d'excuses, soyez simplement honnête envers vous-même.

Index des principaux ingrédients utilisés dans les recettes

A

abricot ... 137
aki ... 40
algues ... 84, 94, 97
amande ... 4, 32, 34, 100, 136
—: lait ... 146, 152
—: pâte ... 137
— ... : poudre
140
asperge ... 47
aubergine ... 22, 64, 104, 108
avocat ... 26
avoine : flocons ... 8, 29

B

banane ... 5, 136
basilic ... 100
berbéris ... 12
betterave ... 50

C

cacahuète ... 46, 74, 89
—: beurre ... 146
cacao ... 5
—: grué ... 104
cameline : graines ... 43
carottes ... 128, 135
céleri ... 108
champignons ... 94, 116
chanvre ... 13
—: graines ... 32
châtaignes ... 136
— d'eau ... 110, 135
chia : graines ... 43
chocolat ... 142, 143, 149
chou blanc ... 128
— cavolo nero (palmé
ou noir de Toscane) ... 121
— chinois ... 110, 135
— kale ... 121
citron vert ... 104
clémentines ... 54
coco : lait ... 152
concombre ... 66, 104
courge butternut ... 100
courgette ... 64
curcuma ... 30

D/E

dattes Mejhoul ... 142
edamame ... 13
endive ... 54
épeautre : farine ... 84

F

fenouil : graines ... 87
fèves ... 86, 128
fraise ... 8
fruit de la passion ... 36
fruits secs oléagineux ... 28, 146

G/H

gingembre ... 90
haricots de Lima ... 120
— noirs ... 40, 80
— rouges ... 42
— urd (soja noir) ... 121
— verts ... 128

K/L
kimchi 132
lin : graines 43

M
maca 12
maïs 22, 26
mangue 4, 30

N
noisette 149
— : lait 149
noix 18, 40, 78
— de cajou 12, 87, 121
— de coco 10
— — — : huile 74
— du Brésil 5
nouilles soba 47

O/P
oignon 86
olives 38, 121
pastèque 38
petits pois 13, 18, 98, 128
piment 104
— : pâte 135
— Chipotle 87
Pisco 72, 98
pistaches 142
pois chiches 32, 60, 66, 72, 74, 87, 98, 143
poivron 64
pomme 104
pomme de terre 18, 22, 58, 78, 100, 116
potiron 104
pruneaux 142

R
radis 90
— mooli (daikon) 135
riz 36, 90, 97, 128
— : farine 97
rose : eau 137

S
sarrasin : farine 97
sauge 58
sirop d'érable 136
soja : pousses 132

T
tahini 66, 80
thé vert matcha 13, 14, 152
tofu 36, 54, 132
tomate 38, 46, 64, 100, 108, 128

Index des recettes

PETIT-DÉJEUNER

Barres aux amandes et à la mangue 4
Barres au cacao, à la banane et aux noix du Brésil. 5
Bircher à la fraise 8
Lait de coco frais 10
Bombes fruitées énergétiques au maca 12
Boulettes au thé vert matcha et au chanvre 13
Nouilles au thé vert 14

BRUNCH

Aloo Tikki/Chutney de noix aux herbes 18
Galettes aux aubergines et aux pommes de terre/
Polenta de maïs doux 22
Haricots à la mélasse/Purée de petits pois 25
Sauce ceviche au maïs/Toasts à l'avocat 26
Beurre d'oléagineux crus *28*
Beurre d'oléagineux grillés *28*
Lait d'avoine *29*

PAUSE-CAFÉ

Latte au curcuma et à la mangue 30
Cookies aux amandes et aux pois chiches 32
Lait d'amande 34

DÉJEUNER

Boulettes de riz au tofu/
Sauce aux fruits de la passion 36
Panzanella à la pastèque et à la tomate 38
Akis et haricots noirs fermentés/Sauce aux noix . 40
Riz et haricots rouges 42
Salade de tomates/Sauce cacahuète 46
Nouilles soba aux asperges/Sauce sésame 47
Tofu tikka masala/Curry de betterave 50
Tofu au sel et au poivre/
Salade de clémentines et d'endives 54
Huiles aux herbes *57*
Chapelure frite *57*
Pâte à pizza/
Garniture à la pomme de terre et à la sauge 58
Pannelle/Bâtonnets de pois chiches 60
Ratatouille au four 64
Falafels/Concombre au vinaigre/Sauce noisette .. 66
Aquafaba *70*
Sucettes glacées au Pisco Sour 72
Gâteau au halva/
Praline à la cacahuète et aux pois chiches 74
Macarons aux noix et aux pommes de terre 78
Brownies aux haricots noirs et au tahini 80

APÉRITIF

Crackers aux algues et aux graines 84
Sauce aux fèves/Oignons frits épicés 86
Noix de cajou aux piments 87
Pois chiches grillés au fenouil 87
Cacahuètes salées au curcuma 89
Rouleaux de printemps/
Radis et gingembre au vinaigre 90
Caviar d'algues et de champignons 94
Dosas au sarrasin *97*
Riz à sushi *97*
Pisco Sour 98
Cosses de petit pois au piment de Padron 98

DÎNER

Gnocchis aux pommes de terre et à la courge/
Pesto trapanese 100
Mole poblano/Sauce à la pomme verte 104
Caponata 108
Gyozas aux châtaignes d'eau 110
Bouillon de légumes *115*
Pierogi aux champignons sauvages 116
Ragoût de haricots de Lima
et de courgettes aux herbes 120
Haricots urd/Choux aux noix 121

Toasts aux haricots cocos 126
Riz wolof/Salade arc-en-ciel 128
Pancakes au kimchi coréen 132
Kimchi *135*

DESSERTS

Semifreddo à la banane/
Nougatine au sirop d'érable 136
Crème glacée à l'abricot, à l'eau de rose
et à la pâte d'amandes 137
Pâtes à tarte *140*
Saucisson au chocolat 142
Sandwiches « meringues » au chocolat 143
Sucettes glacées au beurre de cacahuète/
Crème d'amandes 146
Pâte à tartiner/Lait d'amande matcha/
Neige de coco 149
Pâte à tartiner chocolat-noisette *149*
Lait d'amande au thé vert matcha *152*
Neige de coco *152*

L'édition originale de ce titre a été publiée en anglais
sous le titre « How to be vegan and keep your friends »

Photographe : Kim Lightbody
Styliste culinaire : Anna Nichols

Traduit par : Caroline Lelong, Carpe sensum

24, rue de Mogador
75009 Paris
Tél. : 01 48 05 03 03
Fax : 01 48 05 02 04
www.editions-ulmer.fr
Retrouvez-nous sur Facebook et Instagram

Réalisation : Julia Verneau
Responsabilité éditoriale : Raphaèle Dorniol
Impression : Printer Trento, srl
ISBN : 978-2-37922-054-8
N° d'édition : 054-01

Dépôt légal : septembre 2019
Printed in China